小田急電鉄
～2000年代の写真記録～

解説　山内ひろき

最後のいわゆる小田急顔となった5000形。2012年3月まで約43年に渡り活躍した。
◎玉川学園前～鶴川　2011（平成23）年1月12日

.....Contents

1章 路線編

小田原線 6
箱根登山線 44
江ノ島線 48
多摩線 52
2000年代の特徴的な列車種別 58

2章 車両編

1000形 62
2000形 68
3000形 70
4000形 73
5000形 78
5200形 83
2600形 86
旧4000形 87
新5000形 87

8000形 90
9000形 96
クヤ31形 97
営団・東京メトロ6000系 97
営団・東京メトロ06系 98
東京メトロ16000系 98
JR東日本E233系 99
3000形SE 100
3100形NSE 101
7000形LSE 103
10000形HiSE 108
20000形RSE 110
JR東海371系 114
30000形EXE 116
50000形VSE 119
60000形MSE 122
70000形GSE 126

都市部から住宅街、山間部までと小田急各線は様々な景色の中を走行する。
◎渋沢〜新松田　◎2016（平成28）年4月23日

1章
路線編

小田原線

小田急で最も乗降客数の多いターミナル駅である新宿は上下2層式となっており、それぞれ地上が1号線〜3号線まで
の頭端式3線、地下が4・5号線の頭端式2線である。ホーム番線は1番ホームが閉鎖されたため、2番ホームからと
なっており、地上が2〜6番ホーム。地下が7〜10番ホームだ。また2番ホームが乗降兼用のほかは乗車ホームと降
車ホームが分れた造りとなっている。なお地上・地下共にホーム端は改札口となっており、地上にある西口地上改札で
は改札越しに列車を見ることができる。◎新宿　2008（平成20）年11月24日

千代田線直通列車で運転されるJR東日本のE233系2000代は、事故などの異常時などで千代田線との直通運転が打ち切
られると、普段は入線しない新宿〜代々木上原でも運転することがある。写真は小田急とJRの相互直通運転が間近に迫
った2016年3月に行われた試運転で新宿駅3号線に入線したときのもの。
◎新宿　2016（平成28）年3月5日

新宿１号踏切と新宿２号踏切の間にあるこの曲線上には1973年12月まで南新宿駅が設置されていた。現在の南新宿駅とは150mほど離れており、1972年から1982年まで行われた第２次新宿駅大改良工事で地下と地上を振り分ける分岐器をこの場所に設置するために現在の位置へ移転された。◎新宿～南新宿　2009（平成21）年４月28日

小田急では省メンテナンス化などを進めてきた。例えばバラスト・ラダー軌道の導入もその一つで2002年に登戸～向ヶ丘遊園の270m区間で最初に設置された。その後、急曲線がある新宿～代々木上原でも導入され、座屈によりこれまでの横マクラギ軌道では不可能だった半径200mの急曲線部でのロングレール化にも貢献している。
◎参宮橋～代々木八幡　2008（平成20）年７月20日

1969年に北千住～大手町で開業した千代田線は徐々に延伸をし、1972年10月20日に代々木八幡と連絡する代々木公園まで開業した。この先の代々木上原までの区間は代々木公園開業後に着工しており、代々木上原までの全線開業は6年後の1978年のことであった。従来の小田原線が走っていた部分に千代田線が建設され、小田原線はその外側に移設されるため、山手通りの陸橋架け替えや用地買収が必要となり工事には時間がかかった。それまで期間は代々木八幡と代々木公園を徒歩連絡とされた。◎代々木上原～代々木八幡　2008（平成20）年10月4日

代々木上原は千代田線乗り入れ時にそれまでの相対式2面2線の地上駅から千代田線を内側に挟んだ2面4線の高架駅への様変わりした。この際にカーブ上にあった代々木上原は小田原方に200m移設されてホームが直線となった。また千代田線には小田原方に2線の引き上げ線が設置された。この時に小田原線の代々木上原～東北沢は海側に拡げる形で複々線化されている。◎代々木八幡～代々木上原　2021（令和3）年4月25日

東北沢は複々線化前、新宿から最初の待避駅となっていた。構内は中央に通過線を設けた相対式2面4線となっており、通過形新幹線駅の参考になったとも言われている。また1978年の複々線化の際はこの構内配線を延長する形で代々木上原から延びていたが、地下化工事で待避駅ではなくなり、梅ヶ丘まで約6kmにわたり待避ができなくなった。
◎東北沢　1980（昭和55）年12月29日

小田急最初の複々線区間となった代々木上原〜東北沢は東北沢駅の引き込み線だった砂利線の用地を利用して、1978年に完成した。その先も地上や高架線で建設が続くはずだったが計画の変更で、東北沢駅は地下駅に変わることとなった。そのため最初に完成していた区間は一旦複線に戻され、地下へのアプローチ線工事が行われた。
◎東北沢　2016（平成28）年5月29日

複々線化事業で最後に残ったのは東北沢～世田谷代田の1.6kmで、既に複々線となっている区間の改修工事などもあり事業区間は2.2km、梅ヶ丘～喜多見の複々線化完成間近の2004年9月に着工した。当初、高架線の予定だったところ、下北沢での井の頭線との交差の関係で、高い高架となり日照などの問題があり、4線高架式と4線地下式の工事費用が同額になることから2003年に都市計画が変更され地下化されることとなった。また都市計画区域の面積を極力少なくするため下北沢～世田谷代田は地下2線2層式を採用。これにより代々木上原～東北沢では外側急行線のところを2層式から4線に再び戻る際に内側急行線へと入れ替わる。写真は地下化工事真っ只中の地上時代の下北沢へ入線する5268×6＋8000形の下り急行。
◎東北沢～下北沢　2008（平成20）年8月4日

下北沢付近は2013年3月22日終電後に線路切り替え工事が行われ、翌23日より地下化された。これにより9箇所の踏切が廃止され、代々木上原〜登戸が連続立体化された。地下化後はそれまで線路があった部分に開削工法で緩行線トンネルを建設。また井の頭線交差部では緩行線トンネル工事や地上駅舎工事に先立ち橋脚が支障するため仮橋脚へ改めてられた。また複々線化直前の2018年2月には橋梁架け替え工事が行われている。地下化から複々線完成までさらに5年の歳月がかかった。写真は地下化後の10ページとほぼ同じ場所だ。
◎下北沢
2016(平成28)年4月16日

地上時代の下北沢駅は2面2線の橋上駅で、京王電鉄井の頭線との連絡駅。元々は島式1面2線だったところ混雑緩和のために上りホームが作られ分離されていた。井の頭線が元々小田急系の帝都電鉄の路線だったためか中間改札などはなく乗り換えができていた。また小田急のホームには井の頭線の橋脚があり、通路は増築を重ねたためか構内は複雑でシモキタ迷宮などともいわれた。写真は地下化前日の下北沢駅上りホームだ。
◎下北沢
2013(平成25)3月22日

下北沢駅部〜世田谷代田の急行線は井の頭線の交差やほぼ全区間が営業線直下であることから直径8.26mのシールドマシンで掘り進めた。まず世田谷代田にある発進立坑から上り急行線トンネルを掘り進め下北沢駅新宿方にある回転立坑で方向を転換し、下り急行線トンネルを掘った。延長は上下それぞれ約645mで総延長約1290m。2008年6月掘削開始し、2009年10月に到達した。また下北沢駅の急行線ホームはシールドトンネル掘削後に周囲を開削し、一部セグメント切り拡げて上下線トンネルを繋ぎ設置された。
◎下北沢〜世田谷代田
2017(平成29)年8月27日

下北沢〜世田谷代田の急行線トンネルを掘り進めたシールドマシンであったが、下り急行線トンネルを世田谷代田の発進立坑まで掘削し、役目を終えた。シールドマシンは各現場ごとにトンネル径などが異なり特注品であるため中身の機械などは再利用されるものの外殻部分は使い捨てとなる。そのため、ここでは約8mの外殻部分がそのまま下り急行線トンネルの一部として利用されている。これは2018年の複々線化完成まで世田谷代田駅の下りホームから見ることができた。
◎世田谷代田
2018（平成30）年3月2日

世田谷代田駅は2層式の地下駅で、上が1面2線の緩行線ホーム、下がホームのない通過線の急行線となっている。下北沢〜世田谷代田の地下化工事ではまず地下急行線を開通させ、その後 地下緩行線を地上の線路跡に開削工法で建設した。その際に当駅では完成後は通過線となる地下3階の急行線に相対式2面2線の仮設のホームが設けられ、複々線完成まで使用されていた。
◎世田谷代田
2018（平成30）年3月2日

複々線化完成直前の世田谷代田駅では既に緩行線のホームが完成していた。しかし、まだ暫定的に急行線を使用した複線運転のため、さらに下にある急行線の仮設ホームへは既に線路が敷設された緩行線を跨いで行き来していた。完成した現在はこのエレベーターや階段のあった場所は化粧板で塞がれ、その痕跡はほぼない。
◎世田谷代田
2018（平成30）年3月2日

アーチ状の屋根柱が特徴的な経堂駅は上り急行線の1線だけが通過線となる島式2面5線。高架化工事前まで経堂検車区があり、豪徳寺方にある2本の留置線はこの名残だ。またさらに遡ると大野工場移転前までは小田急開業時に開設された経堂工場があり、跡地には小田急経堂アパートがあったが再開発により、駅ビルの経堂コルティとなっている。◎経堂　2011（平成23）年1月5日

千歳船橋〜祖師ヶ谷大蔵にある環状8号線との交差部付近は渋滞緩和のため複々線工事前の1971年に1.3kmが高架化された。複々線工事時にはこの高架橋の山側真横に現在の上り線となる複線の高架橋を増築し、それまでの高架橋は改修工事を施し、現在も下り線として使用されており、高架橋を下から見ると建設年代が異なっていることがよく分かる。また下り線側の架線柱は複々線工事前からのものが引き続き使われており、上り線側のものとは形状が異なっている。写真は海側から山側を見たものだ。◎千歳船橋〜祖師ヶ谷大蔵　2013（平成25）年4月12日

成城学園前は掘割構造の地下駅で急行線と緩行線両方にホームがある2面4線。そのためしばしば緩急接続が行われている。また喜多見検車区の入出庫駅。複々線化前は2面4線の待避線がある地上駅であった。地下化後の地上部分は駐輪場やロータリー、駅ビルの"成城コルティ"などが建設された他、会員制レンタルファームの"アグリス成城"も開設され線路の真上で野菜などが作られている。◎祖師ヶ谷大蔵～成城学園前　2022（令和4）年5月22日

小田急の連続立体化・複々線は1964年に代々木上原〜喜多見の都市計画が決定された。最初に代々木上原〜東北沢が1978年に完成した。しかし、その後は長らく工事は進まず、次に着工したのは当初都市計画になかった喜多見〜和泉多摩川で1997年に完成。そして2004年には世田谷代田〜喜多見が、2018年には代々木上原〜梅ヶ丘が完成し、完工した。
◎祖師ヶ谷大蔵〜成城学園前　2008（平成20）年 8 月 4 日

喜多見検車区は1994年に複々線化事業のため経堂検車区が移転する形で成城学園前〜喜多見の野川沿いに開設された。基地は建屋に覆われ、留置線屋上は世田谷区立きたみふれあい広場として公園となっている。検車区への入出庫線は複々線の本線を抱える形で単線並列になっており、海側の線路は本線を高架橋で跨いでいる。また野川のあるこの区間には国分寺崖線があり崖上の成城学園前から崖下の喜多見へは勾配があったが成城学園前を地下化することでこの勾配を解消した。◎成城学園前〜喜多見　2021（令和3）年3月29日

連続立体化・複々線化事業は東京都と小田急との共同事業であるが、輸送改善効率を図るため事業区域外の神奈川県区間である和泉多摩川〜向ヶ丘遊園でも自社単独事業で複々線化を進めることとなった。まずは多摩川橋梁の架け替えが行われた。開業時からある橋梁の上流側に新橋梁を架橋し、線路を移設。旧橋梁撤去後に上流側と同じ新橋梁を真横に架橋して2009年3月に複々線化した。橋梁からすぐにある登戸は既に盛り土構造で立体化された駅であったが、橋梁架け替えと共に高架化工事が行われた。
◎登戸〜和泉多摩川
2022（令和4）年10月20日

和泉多摩川～登戸では多摩川を渡る。この付近の多摩川は東京都と神奈川県の都県境となっている。上流側に作られた新橋梁は、複線桁鋼床板3径間連続箱桁橋2連で架けられた 。新橋梁への線路切替工事は2003年1月に上り線が、2004年10月に下り線で行われ、これにより旧橋梁と和泉多摩川2号踏切が廃止され、和泉多摩川～登戸の連続立体化がなされた。2008年11月までは上り線側の橋梁を上下線で使用していた。
◎和泉多摩川～登戸　2021（令和3）年3月26日

登戸〜向ヶ丘遊園は川崎市による区画整理事業の真っ只中で、当時は事業があまり進展していなかったこともあり小田急の自社用地に下り1線、上り2線の暫定3線化が2009年3月になされた。これにより上り列車は向ヶ丘遊園から複々線と同様の使い方ができるようになった。また向ヶ丘遊園直近にある登戸1号踏切は区画整理事業の進展と共に廃止予定である。◎登戸〜向ヶ丘遊園　2019（平成31）年4月28日

登戸駅構内は登戸〜向ヶ丘遊園と同様に下り1線、上り2線の2面3線であったが、将来的に下り緩行線部分を整備し2面4線で使えるように準備工事がなされていた。この部分を使い2017年に下りホーム改修、一部を多摩川橋梁上に延伸し、橋梁途中で切れていた線路を敷設した。また小田原方に高架橋を新設し分岐器の設置スペースを確保して、2018年1月から2面4線での使用を開始している。◎和泉多摩川〜登戸　2018（平成30）年3月26日

小田急では新宿〜向ヶ丘遊園をサバー区間、向ヶ丘遊園以遠をインター区間と呼んでおり、戦前では停車する列車種別などども異なっていた。また駅間距離も大きく異なっており、サバー区間は0.6〜1km前後なのに対して、インター区間は2〜3km間隔と広めに設置されている。◎祖師ヶ谷大蔵〜成城学園前　2017（平成29）年1月12日

向ヶ丘遊園を出ると多摩丘陵の谷間へと分け入っていき、急に景色が変わっていく。この付近は五反田川に沿って線路が敷かれており、小田原線は5回ほどこの川を渡っている。また生田駅付近では毎年4月から5月にかけて川の上に150匹ほどの鯉のぼりが泳いでいる。◎向ヶ丘遊園～生田　2008（平成20）年10月4日

向ヶ丘遊園で多少、運転本数は少なくなるものの大きく変わるのは多摩線との分岐駅である新百合ヶ丘。そのため向ヶ丘遊園～新百合ヶ丘は複線でありながら終日列車本数が多く、特にラッシュ時間帯は平行ダイヤが組まれ出来る限り多くの列車が走れるようになっている。◎読売ランド前～百合ヶ丘　2012（平成24）年6月8日

多摩線開業と同時の1974年6月1日に開業した新百合ヶ丘駅は小田原線と多摩線の分岐駅で、百合ヶ丘～柿生の線路移設の上、新設された。構内は3面6線となっており、真ん中の1面（3・4番ホーム）は主に多摩線の列車が使用するが、ラッシュ時間帯は小田原線の列車の着発もある。また1番線と6番線は多摩線との行き来ができない他、新宿方には2線の引上線が設置されている。◎新百合ヶ丘　2015（平成27）年2月20日

柿生駅は2面4線の待避可能な停車場だったが、1974年の新百合ヶ丘駅開業とその後のホーム10両化のために1977年に待避線は廃止され、分岐器などがあったところまでホームが延伸された。現在でも待避線の名残を見ることができる。代わりの待避線は鶴川駅上り線に作られ、相対式2面2線から上りが島式1面2線の2面3線となっている。
◎柿生
2017（平成29）年4月16日

1976年に駅の真上に建設された駅ビルの小田急百貨店町田店が印象的な町田駅。百貨店があるのは多摩地区では立川、吉祥寺、聖蹟桜ヶ丘とここ町田だけとなった。駅周辺は繁華街である他、バスセンターもあり小田急では新宿に次ぐ乗降客数を誇る。また横浜線との接続駅だが、駅同士は少々離れている。横浜線の原町田に対して新原町田として開業した当駅であったが、1976年に横浜線より一足早く町田駅へと改称した。
◎町田～相模大野
2022（令和4）年9月20日

町田駅の新宿方にはＹ線が設置されている。設置場所が踏切と町田街道の陸橋に挟まれた狭い空間のため６両編成までしか入線できなく、小田原方先頭車は玉川学園前７号踏切すぐの位置で停車する。またこの玉川学園前７踏切と８号踏切は駅直近であることやＹ線の分岐器上にあることから踏切遮断時間が長く開かずの踏切としても有名だ。
◎町田
2023（令和５）年３月21日

町田駅を発車する5255×４＋3000形の急行新宿行き。奥に見える小田急百貨店のロゴが入った白い建物が町田駅で、駅から写真を撮っている町田街道の中央橋までの短い距離にＹ線が設置されている。この5255×４は６両編成を４両に短縮改造した編成で、小田原方先頭車はクハ5555号車とゾロ目の車両だった。
◎町田〜玉川学園前
2012（平成24）年１月８日

駅直上にある小田急百貨店町田店からは眼下に小田原線が見える。ちょうど町田駅に到着する8000形は概ね都県境を
なぞる二級河川境川を越えているところで、対岸は相模原市だ。この境川では河川改修工事が行われ河道は直線的にな
ったが、行政境界は旧河川に沿って蛇行しており、河道と一部一致していないところがある。また小田急は境川を1回
しか渡らないが、江ノ島線は流域に沿って敷かれている。終点の片瀬江ノ島駅前にある川もこの境川で付近の河口から
相模湾へ流れている。◎相模大野〜町田　2022（令和4）年7月1日

現在の大野総合車両所の前身となる大野検車区と大野工場はそれぞれ1954年と1962年に開設された。最初は写真左側の江ノ島線上下線間に検車区が建設され、工場建設時に写真左奥の部分が建設された。また2010年代初頭までは24時過ぎに相模大野駅止めの列車がこの旧検車区側と工場側に分かれて入庫する分割入庫運用があった。
◎大野総合車両所　2023（令和5）年1月12日

江ノ島線と小田原線の分岐駅である相模大野駅の構内は島式ホーム2面4線と上下ホームの間にホームのない2線がある。ホーム番線は海側から1番ホームから4番ホームであるが、線路番線は海側から1番線〜6番線となっており、ホームのない線路は下りが3番線、上りが4番線である。この線路は主に通過列車や回送列車の着発、入換に使われている。また基本的にどの線路からも大野総合車両所に入庫ができるが、6番線だけは旧大野検車区エリアに直接入庫ができない他、3番線と4番線は江ノ島線との出入りができない構造になっている。
◎相模大野　2023（令和5）年3月21日

開業時から江ノ島線と小田原線は立体交差となっているため、両線の列車は支障することなく駅を発着できる。20〜30年ほど前までは写真左端にある江ノ島線下り本線を相模大野2号踏切付近にあった渡り線を渡って上り列車が逆線走行することもあった。また相模大野駅には運転関係の様々な部署や施設が集まっており、運転上重要な駅である。
◎小田急相模原・東林間〜相模大野　2023（令和5）年1月13日

相模大野には新宿方に折り返し用のＹ線が１線ある。この線路は４番線の延長線上にあり、４番線を通過する列車は減速して分岐器を渡り上り本線へ合流していく。また1980年代後半から1990年代前半にかけて大規模な駅改良工事が実施され、線路上に人工路盤を建設し駅ビルの相模大野ステーションスクエアなどが建設されたり、新宿方は路盤を下げて踏切を一ヶ所立体化、線路用地を拡幅し、このＹ線などを新設した。
◎相模大野　2023（令和５）年３月21日

相武台前駅からほど近い相武台前２号踏切付近から座間方面にかけて、小田原線沿線には桜並木が続いている。数多くの桜があり、春には満開の桜を楽しむことができる。しかし、近年ベッコウタケの感染が相次ぎ伐採せざるを得ない事象が多く発生しており、この付近の桜も以前に比べてかなり減っている。
◎相武台前～座間　2009（平成21）年４月４日

小田原線のほぼ中央に位置する海老名駅は相模鉄道本線と連絡のため開設され、1973年には駅を400m小田原方の現在の位置へ相鉄と共に移設された。田んぼの真ん中に開設されたため、長らく駅前は民家もなく水田が広がっていたが、1980年頃から開発がはじまり、現在では東口には小田急系列の「ビナウォーク」(2002年開業)や西口には「ららぽーと海老名」(2015年開業)などがある他、複数のマンション建設、さらに2022年には小田急本社の一部も移転してきているなど急速な発展を遂げている。◎海老名～座間

海老名～厚木において踏切道で交差する市道13号線と県道46号線がそれぞれ4車線化することから神奈川県、海老名市、小田急の合同で2002年からこの区間1.5kmの高架化工事が行われた。2007年7月1日に下り線が2008年3月30日に上り線が切替られ、2箇所の踏切が廃止された。工事は2010年に竣工した。
◎海老名～厚木　2009(平成21)年3月31日

1972年に海老名駅に隣接する形で開設された海老名検車区は小田原線と相模鉄道厚木線に挟まれた水田に建設された。当時は150両が収容可能であったが、1976年に312両収容できる規模に拡張され、小田急で一番大きな車両基地となった。現在では10両固定編成化の影響などもあって、収容両数は232両と減っている。◎海老名検車区

海老名駅に隣接した場所に「ロマンスカーミュージアム」が2021年4月19日にオープンした。館内には3000形SEがデハ3021、デハ3022、デハ3025の3両、3100形NSEがデハ3221、デハ3223、デハ3231の3両、7000形LSE がデハ7003の1両、10000形HiSEがデハ10001の1両、20000形RSEがデハ20001とサハ20151の2両と1形モハ10が展示されている他、巨大ジオラマやデハ7803の運転台を使ったシミュレーターなどがある。
◎ロマンスカーミュージアム　2022（令和4）年2月17日

相模川橋梁の山側には道路橋の相模
大橋が架かっており、この橋は地元の
厚木市、海老名市出身の「いきものが
かり」の歌詞中に登場する"大橋"だ。
また2010年11月からは海老名駅と本
厚木駅の接近メロディーとして「い
きものがかり」の曲が採用され、海老
名が「SAKURA」、本厚木が『YELL』
となっている。
◎厚木～本厚木
2020（令和2）年4月3日

上路プレートガーダー橋が複線で架けられていた最初の相模川橋梁は相模川の砂利採掘により橋脚が傾き倒壊する恐れがあったため、1969年より架け替え工事が行われた。新橋梁は山側に作らた6連の複線下路ワーレントラス橋で、全長は410m。1971年の7月に上り線、8月に下り線が新橋梁へ切替られた。また橋梁に隣接する厚木駅も山側に移設する工事が行われている。
◎厚木～本厚木
2010（平成22）年7月18日

私鉄単独駅としては日本一の乗降客数を誇る本厚木駅は1976年に高架化された。当駅止めの列車の折り返しのため小田原方にΥ線が設置されている。ここから発車する列車と上り本線の列車が支障しないような配線が組まれており、分岐駅ではないが上りホームでは時折同時到着をみることができる。◎本厚木　2023（令和5）年3月21日

渋沢〜新松田の第一菖蒲トンネルを抜けると小田原線は四十八瀬川を渡り、山間の谷間を川と共に縫うようにして新松田まで走っていく。この際に四十八瀬川を6回、四十八瀬川が中津川と合流し、名前を変えた川音川を3回渡っている。また自然が多いため時折鹿と衝突するのもこの区間だ。なお駅間距離は6.2kmと小田急で1番長い距離となっている。◎渋沢〜新松田

小田原線の渋沢〜新松田にはトンネルが２箇所ある。一つ目は渋沢を出てしばらくすると通る第一菖蒲トンネルで、もう一つは駅間の真ん中あたりにある第二菖蒲トンネルだ。第一菖蒲トンネルは400m以上あり、小田急としては長い。一方、第二菖蒲トンネルは全長が60.3mしかなく４両編成以上しか走らない小田急では全編成がトンネル内に収まらない不思議なトンネルとなっている。◎渋沢〜新松田　2016（平成28）年３月20日

新松田を出た小田原線は全長292mの酒匂川橋梁を渡っていく。この酒匂川橋梁は1927年に建設された小田原線開業時から架かっている橋で、当初は単線で開業。その半年後に複線化されている。ほぼ同時期に作られたため、どちらも同じ形で架かっており、それぞれ下路ワーレントラス橋２連と上路プレートガーダー橋10連で構成されている。◎新松田〜開成　2017（平成29）年12月14日

小田急の新車や改造車両の搬出入には、長らく小田原駅構内の連絡線が使われてきたが、急行10両化による小田原駅構内改良工事でJRとの渡り線が撤去された関係で1994年10月より松田連絡線を使用することとなり御殿場線経由で輸送されるようになった。その際にJR線内では自走せず貨物扱いのため機関車牽引で運ばれてくる。そのため松田〜松田連絡線〜新松田ではJR貨物の電気機関車が小田急線内に乗り入れてくることとなった。
◎新松田　2017（平成29）年4月8日

JR貨物のEF65形1000代は連絡線から上り本線へ入り、新松田駅へ折り返す形で走行する。場合によっては新松田のY
線まで入線することもある。またこの際に御殿場線の松田駅から小田急の新松田駅までは小田急の運転士が電気機関
車を運転している。そのため選抜された運転士がJR貨物まで出向いて研修を受けている。
◎新松田　2017（平成29）年4月8日

小田急では自社の電気機関車廃止後は新松田に搬入された新車や改造車は1000形などの牽引で海老名検車区などに回
送されるか、自走して回送されている。写真は箱根登山鉄道3000形の搬入時で、軌間が異なるため仮台車を履いて運ば
れていた。1000形の牽引により新松田から入生田へ向かった。◎螢田　2017（平成29）年4月8日

新松田を出て、酒匂川を渡ると足柄上郡開成町に入る。開成町は小田原線は通っているものの長らく駅が設置されていなく、1985年に小田急68番目の駅としてようやく設置された。主に各停や本厚木〜小田原で各停運転するタイプの急行（通称：赤丸急行）が停車する駅であったが近年、駅周辺は人口が増加しており2018年にはホームをそれまでの6両から10両編成対応にする工事が行われ、2019年3月のダイヤ改正から10両編成の急行停車駅となった。路線開業後の新設駅としては湘南台駅に次ぐ出世駅かもしれない。◎新松田〜開成

開成駅の東口には開成駅前第2公園があり、ここでは2001年より街づくりと活性化のシンボルとしてロマンスカーNSE 3100形3181号車を静態保存しており、公募により"ロンちゃん"の愛称で親しまれている。また当初、テントで覆われていて公開日のみ見れていたが、2016年にはテントが撤去され常に見ることができるようになった。
◎開成　2022（令和4）年3月28日

春先になると栢山〜富水にある水田は一面の菜の花畑となる。これは「金次郎のふる里を守る会」が収穫後の水田に小田急財団から提供された菜の花の種を蒔き、毎年3月に「菜の花まつり」を開催している。会の名の通り、この付近は二宮尊徳の生誕の地であり、ゆかりの地が点在している。◎栢山〜富水　2019（平成31）年3月13日

小田原線の終点である小田原はJR東日本 東海道本線、JR東海 東海道新幹線、伊豆箱根鉄道大雄山線と直通運転をしている箱根登山鉄道鉄道線と接続する。構内には小田急を含め5事業者が乗り入れ、ホーム番線は一番駅舎側の大雄山線から東海道新幹線まで通しで振られている。2003年に橋上駅舎となり、それまでは地下通路で結ばれていた構内が「アークロード」と名付けられた東西自由通路を通じて結ばれるようになった。屋根には太陽光パネルが設置されている。また過去には当駅にJRと新車などをやり取りする連絡側線があった。◎小田原　2022（令和4）年

小田原駅の箱根湯本方には狭軌車両用の引き上げ線が2線ある。30000形EXEや60000形MSEといった10両編成で小田原までやってきた「はこね」や「メトロはこね」は箱根登山線の有効長の関係で6両編成と4両編成に分割され、6両編成が箱根湯本に向かって行く。その片割れとなる4両編成がこの引き上げ線に折り返しまで留置されることが多い。またこの引上線は1997年6月から使用開始されている。◎小田原　2021（令和3）年4月9日

箱根登山線

2006年3月のダイヤ改正で箱根登山車の小田原乗り入れがなくなった。しかし入生田に検車区のある関係で入生田〜箱根湯本以外の区間は3線軌のうち標準軌部分となる外側のレールが順次撤去された他、風祭駅ではバリアフリー化を伴った駅改良工事が、小田原では箱根登山車専用の標準軌ホームを解体し、小田原〜箱根湯本区間運転用の狭軌 4両編成対応ホームへの工事がなされた。◎風祭　2018（平成30）年3月4日

風祭駅は2007年からはじまった駅改良工事前は交換設備のある1面2線の島式ホームで駅舎も線路間にあるスタイルだった。また線路有効長は7両分あるものの、ホーム長は箱根登山車3両分の50m弱しかなく小田急車では終日 箱根湯本方の1両または2両のドアコックを開けて手動にて客扱いを行っていたが、2008年3月に20m車4両分のホーム長がある相対式2面2線へと改められ、この扱いも終了した。写真は改良工事後。◎風祭

2008年３月のダイヤ改正から通勤車は全て４両編成になったものの特急はこれまでと変わらず６両編成や20m車７両分に相当する連接10両、11両編成で運転されているため、駅の線路有効長や乗り入れの車両の最大長は従来のままで、変化はあくまで通勤形と各駅関係のみであった。◎箱根板橋　2018（平成30）年６月24日

2008年３月のダイヤ改正で通勤形６両編成の箱根湯本乗り入れがなくなり、小田原～箱根湯本は全て４両編成の各停となった。この区間はそれまで６両編成主体で、各駅に停車はするものの新宿などから直通の急行で運転されており、４両編成はごく僅かしか運用がなかった。これにより４両編成のない3000形は箱根湯本まで乗り入れなくなった。
◎箱根湯本～入生田　2021（令和３）年11月15日

2006年3月改正までは箱根登山車も小田原駅まで乗り入れを行っていた。この小田原〜箱根湯本の最急勾配40‰は箱根登山鉄道のモハ1形などには緩い勾配に思えるが、小田急車側からすればかなりの勾配線区であった。1067mmと1435mmの2つの軌間で走行するため3線軌条となっており、分岐器はより複雑になっている。
◎箱根湯本〜入生田
2022（令和4）年3月9日

箱根湯本は1919年に開業した箱根登山鉄道の駅で当時は検車区が併設されていた。小田急の乗り入れは1950年8月からはじまり、この時に検車区が入生田に移設された。それからは中型車や連接の特急車などが入線していたが、1982年からは20m車の乗り入れ運用が開始された。この際に風祭では線路有効長の延長が行われている。
◎箱根湯本　2020（令和2）年11月25日

箱根湯本のホームは小田急の狭軌と箱根登山鉄道の標準軌で分かれている。両車は入生田方から共に3線軌条を走ってくるが、箱根湯本直前の分岐器で標準軌と狭軌とが振り分けられている。また箱根登山線は箱根湯本以遠の架線電圧が750Vとなっており、この分岐器を過ぎた直後に1500Vと750Vの直流同士のデッドセクションが設けられている。
◎箱根湯本

江ノ島線

南林間、東林間と共に林間都市計画の駅であった中央林間。今でこそ駅前にはマンションや住宅地が並んでおり、大和市北部の中心のように見えるが、それは近年の話で昭和中期には南林間を中心に宅地化が進んでいたものの、この付近はまだ空き地が多く各停しか停まらない駅であった。その頃の名残が今の北口で当時はこの入口だけであった。転機となるのは1984年の東京急行電鉄田園都市線の開業で、1990年からは江ノ島線の急行停車駅となった。現在では混雑する江ノ島線を避け、始発駅で座っていける田園都市線利用客が南林間などの自宅から自転車で隣の中央林間に通う人も多く、駅周辺は駐輪場が非常に多くなっている。◎南林間～中央林間　2019(平成31)年1月11日

小田急の都市開発として代表的なものに林間都市計画がある。映画の撮影所や相撲部屋などを誘致する計画であったが、途中で頓挫し、駅名も南林間都市から南林間へ変更され碁盤の目や放射状に延びる道路がその名残りとなった。戦後、南林間を中心に宅地化が進み、2面4線の待避設備のある急行停車駅となったが、1996年に行われた急行10両化工事の際に待避線や保線引き込み線が撤去され、その用地を利用してホームを10両化、相対式2面2線となった。跡地は駅ビルの減築拡幅の際に利用されたり、エレベーター用地、駐輪場となった。特に上りホーム脇の駐輪場は線路跡を実感することができる。◎南林間　2010(平成22)年6月10日

島式2面4線の高架駅となっている大和駅は1994年の高架化工事完成までは相模鉄道本線を跨ぐ築堤上にある相対式2面2線駅で、急行10両化工事で停車場であった南林間が停留所駅になるのと入れ替わる形で2面4線化された。1998年8月の改正からロマンスカーが停車するようになった。また2008年3月からは当駅で夜間停泊が実施され、初電として当駅始発の上りが、終電として当駅止まりの下りが運転されている。
◎大和　2007（平成19）年9月28日

藤沢駅は東海道本線のホーム横にあり、JR藤沢駅が橋上駅舎に変わるまでは小田急の改札の向かいに国鉄の駅舎があった。そのため構内があまり広くなく、1番ホームのみ10両編成対応で、あとの2線は7両編成までしか対応していない。そのため10両編成の急行や快速急行、特急は必ず1番ホームを使用するため運行上のボトルネックとなっている。
◎藤沢　2023（令和5）年3月21日

東海道本線や江ノ島電鉄との接続駅である藤沢駅は頭端式2面3線で、スイッチバック駅となっている。また江ノ島線は接続路線が多いため通常、他路線は朝ラッシュ時間帯下り列車は空いていることが多いが、上下列車とも混雑する。この藤沢駅近辺では東海道本線へ乗り換えるため下り列車でも激しい混雑となっている。また南口のロータリー向かいには小田急百貨店藤沢店があり、この2階には江ノ島電鉄藤沢駅がある。◎藤沢

藤沢駅でスイッチバックした江ノ島線は進行方向を変え、片瀬江ノ島へ向かっていく。途中には本鵠沼と鵠沼海岸の2つの駅があり以前は急行停車駅であったが、ホームが6両までしか対応していないため急行10両化の際に6両編成の急行以外は通過となり、2018年に急行停車駅から外された。また2022年のダイヤ改正では特急を除くほとんどの列車が藤沢で系統分断を行い、藤沢以南は藤沢〜片瀬江ノ島間の区間列車が設定されるようになった。
◎藤沢〜本鵠沼

竜宮城を模したといわれる片瀬江ノ島駅舎は1929年の江ノ島線開業時から使われていた歴史ある駅舎だ。1999年には関東の駅百選に選定されており、小田急では他に相模大野と秦野も選ばれている。駅前を流れる川は境川で、この付近が河口となっており、相模川に注いでいる。この駅舎だが残念ながら2018年から建替工事が行われ、2020年から新駅舎となり現存はしない。
◎片瀬江ノ島
2014（平成26）年2月11日

江ノ島線の終点である片瀬江ノ島は2面3線の頭端式ホームで1番線だけが10両編成に対応している。駅名に江ノ島が入っている駅では最も江ノ島の近くに位置している。また旧駅舎時代は通常の改札以外に臨時改札が設けられており、特に混雑する年始や江ノ島花火大会などの日に使われていた。
◎片瀬江ノ島
2020（令和2）年12月6日

多摩線

新百合ヶ丘は多摩線開業時に開設され、それまで津久井道に沿うように敷設されていた小田原線の線路が現在のルートに付け替えられた。この際に新百合ヶ丘の保守基地がある辺りで昔の小田原線と多摩線は交差しており、この付近は通常の高架橋ではなく、橋梁構造となっており、線路の名残を見ることができる。
◎新百合ヶ丘～五月台　2020（令和2）年3月1日

黒川駅を出て、黒川トンネルを抜けると北側に京王電鉄相模原線が見えてくる。ちょうどこの辺は相模原線の若葉台駅がある。はるひ野を過ぎ、諏訪トンネルを抜けると相模原線と多摩線は多摩センター付近まで約3.5kmほど並走し、さながら複々線区間の装いとなる。◎小田急永山〜はるひ野　2009（平成21）年10月11日

多摩線と京王電鉄相模原線は共に多摩ニュータウンへの乗り入れる路線で、日本で最初のニュータウン鉄道として開業した。建設はどちらも日本鉄道建設公団で、1974年6月1日に多摩線が永山まで開業。相模原線は用地買収で遅れが生じ、1974年10月18日に多摩センターまで開業した。また多摩線が多摩センターまで延びたのは1975年4月23日のことだった。◎小田急多摩センター～小田急永山　2021（令和3）年6月3日

長らく多摩センターが終点だった多摩線は多摩ニュータウン唐木田地区の街開きに合わせて1987年より唐木田への延伸工事が行われ、1990年3月27日に開業した。また唐木田駅の先には経堂検車区唐木田出張所（後の喜多見検車区唐木田出張所）が小田原線以外で唯一の車両基地として設けられている。また現在、多摩線では唐木田より先にある小山田を経由して相模原、上溝を目指す延伸構想がある。
◎喜多見検車区唐木田出張所
2018（平成30）年4月8日

多摩センター駅には3社が乗り入れており、小田急電鉄と京王電鉄とがそれぞれ小田急多摩センターと京王多摩センターとして永山駅同様に並行して駅を設置し、多摩モノレール通りの上に多摩都市モノレールの多摩センター駅が設置されている。また京王多摩センター駅は2面4線であるが、小田急多摩センターは2面4線であったが、2006年3月のダイヤ修正で使用が停止され後に分岐器が撤去され2面2線となった。永山駅とは異なり、両社のホーム間には壁が無くホームのどこからでも見渡すことができる。◎小田急・京王多摩センター　2018（平成30）年3月18日

2000年代の特徴的な列車種別

【湘南急行】

1980年代の江ノ島線急行停車駅は相模大野、南林間、大和、長後、藤沢、本鵠沼、鵠沼海岸、片瀬江ノ島で、1960年代半ばからこの停車パターンで運転されてきた。1984年に中央林間まで田園都市線が延伸開業してきたが、しばらく急行停車駅になることはなく1990年にようやく急行停車駅に追加された。1999年には湘南台に相模鉄道いずみ野線や横浜市営地下鉄が開業したため翌2000年12月より急行停車駅へ追加された。そして2002年3月のダイヤ改正では「湘南急行」が登場した。主にデータイムの新宿～藤沢・片瀬江ノ島の運転で、2001年12月から運転が開始されたJR東日本の湘南新宿ラインに対抗して運行が開始された。これまでの急行と異なるのは江ノ島線の南林間、長後を通過することで、およそ5分の時間短縮となり、新宿～藤沢を最短57分で結んだ。また土休日の片瀬江ノ島までの運転日には本鵠沼と鵠沼海岸も通過していた。江ノ島線の新たな停車パターンを生み出した「湘南急行」であったが、運転開始から2年半後の2004年12月には「快速急行」の運行開始で廃止された。現在では本鵠沼、鵠沼海岸は急行停車駅から外された他、快速急行主体ダイヤのため南林間や長後の優等列車の停車本数も年々少なくなっている。◎登戸～和泉多摩川

【区間準急】

2004年12月に代々木上原～梅ヶ丘の地下複々線化工事により東北沢駅の待避線が使えなくなることから、複々線になる梅ヶ丘までの区間を新宿、代々木上原、下北沢のみ停車する列車として登場した「区間準急」。代々木上原では多摩急行と連絡をしたり、優等でありながら主に8両編成で、新宿駅は地下ホーム発着となるなどユニークな列車であった。2016年に役目を終えた。
◎参宮橋～南新宿
2012（平成24）年2月13日

【分割併合】

小田急では2008年3月のダイヤ改正まで頻繁に分割併合を繰り返していた。小田原線と江ノ島線の急行が新宿〜相模大野で併結していたり、6両と4両がそれぞれ相模大野から江ノ島線の急行と各停となり続行で走るケースなどもあった。また6両編成が箱根湯本まで乗り入れており、新宿から急行箱根湯本行きとして運転されていた。列車は新宿界隈では当然10両編成であるため、江ノ島線の急行と併結したり、新松田で後ろ4両を各停小田原として分割したりしていた。この改正からはごく僅かな列車を除き通勤車両の分割併合は廃止され、新宿発着の急行は全区間10両編成での運行へと変わった。
◎海老名　2007（平成19）年10月18日

【多摩急行】

2000年ごろまでは相模大野駅発着であった千代田線直通列車は2002年に多摩線へ移り多摩急行が登場した。主な停車駅は急行と同じであるが、向ヶ丘遊園は通過となった。これにより2000年までは急行や特急がなかった多摩線に京王相模原線と対抗する列車として2018年まで運転された。
◎経堂〜千歳船橋
2007（平成19）年9月19日

【快速急行】

2004年12月の梅ヶ丘〜喜多見の複々線化完成により登場した快速急行はこれまでの急行停車駅であった成城学園前、登戸、向ヶ丘遊園を通過し、下北沢〜新百合ヶ丘をノンストップで走る列車として登場した。また江ノ島線内はこれまでの湘南急行と同じく南林間、長後、本鵠沼、鵠沼海岸も通過となり、湘南急行を置き換えた。またこの種別は小田原線でも運転され、2018年からは登戸にも停車するようになった他、江ノ島線からの急行が相模大野で快速急行に化ける列車や多摩線でも運転されている。
◎新百合ヶ丘〜百合ヶ丘
2007（平成19）年9月3日

2章
車両編

小田急の車両はここ20年で大幅に変化した。小田急顔はなくなり、2004年に登場した50000形VSEは2022年春に定期運行が終了し、2023年秋に完全引退する予定だ。◎渋沢〜秦野　2022（令和4）年3月9日

1000形

小田急初のオールステンレス軽量車体、量産形のVVVF制御車として1987年に登場した1000形。1993年までに4・6・8・10両編成が登場し、合計196両が製造された。車体外板はできるだけ光沢を消すようにダルフィニッシュとし、接合部分にロイヤルブルー帯を配している。
◎狛江〜和泉多摩川
2011（平成23）年1月6日

最初に登場したのは4両編成で、輸送増強のため各停を6両編成から8両編成にするために製造された。当時の小田急は4両と6両が主体とされており、各停8両化にあたっては4両編成を2編成連結して8両編成として使われた。増備された後には同じ1000形の6両編成と併結して千代田線直通運用や地上運用。また他形式と併結して10両編成などで運用されている。
◎玉川学園前〜町田
2019（平成31）年4月7日

1000形は他社が全電気指令式電磁直通ブレーキ車を導入する中、これまでの通勤形車両と併結するため回生制御併用電磁直通ブレーキで登場した小田急最後の形式となった。また主制御装置は加減速性能向上のため2001年からベクトル制御方式へと変更する改造や純電気ブレーキ改造をおこなった。これに伴い磁励音も変わっている。
◎本厚木〜厚木
2012（平成24）年2月3日

1251 〜 1256×6の6本が製造
された6両編成は全編成が千
代田線直通対応車両として登
場した。当初は千代田線直通
運用などに入っていたが、
4000形登場後は地上専用車と
して運用されている。また
1252×6は1989年（平成元年）
1月14日の竣工だが、銘板に
は昭和64年と入っていた車両
だったが、更新工事の際に取
り外されたため現在は見るこ
とができない。
◎相武台前〜座間
2010（平成22）年4月11日

1993年2月に登場した1000形
唯一の8両固定編成だった
1081×8。10両固定編成から
5・6号車となるT2とM3
を抜いた形になっている。ま
た小田急初の自動放送装置を
搭載した車両であった。当初
は更新工事施工予定ではあっ
たものの計画が変更となり、
2020年に中間付随車2両以外
の6両が廃車に。これが1000
形最初の廃車となった。
◎参宮橋〜南新宿
2015（平成27）年2月22日

小田急初の10両固定編成の通
勤車両で1091 〜 1094×10の4
編成が製造された。また1094
×10は1993年3月竣工で1000
形最後の製造編成となった。
1991年以降に製造されたワイ
ドドア車や8両や10両固定編
成では客用扉上には千鳥配置
のLED式案内表示器やドアチ
ャイム（一部を除く）などが設
置されていた。また千代田線
直通車であるため加速度が地
上専用車と異なり高めに設定
されていた。
◎祖師ヶ谷大蔵〜千歳船橋
2008（平成20）年3月13日

9000形の置き換えとして千代田線直通運用にも投入され、4両編成の1059〜1066×4に6両編成の1251〜1256×6を併結して10両編成にしたものと、10両編成の1091〜1094×10があてがわれた。これらはJR線には乗り入れず、運用としては9000形と同じく営業運転は綾瀬までで、回送では千代田線の綾瀬検車区までであった。
◎黒川〜栗平　2007（平成19）年9月19日

千代田線乗り入れ編成には千代田線用のATCやIRアンテナが装備されていた。1992年度に10両固定の1091〜1094×10が登場したのに伴い1059〜1062×4と1251〜1252×6の千代田線関係機器は撤去され、地上専用車となったが、2004年12月に運用増に伴い1061〜1062×4、1251〜1252×6に再び機器が搭載された。また2007年から地下鉄直通運用は4000形に置き換えられ、千代田線対応のATCやIRアンテナは順次撤去され、全車地上専用となった。
◎相模大野
2005（平成17）年6月12日

2009年3月に箱根登山鉄道小田原～箱根湯本の各駅停車用として1059・1060・1061×4の3編成が箱根登山鉄道車と同様のレーティッシュ鉄道カラーへとラッピングが行われ、2009年3月より運転を開始した。また2012年には1058×4にもこのラッピングが施された。
◎箱根板橋～風祭
2022（令和4）年2月28日

ラッピングされた1000形は小田原線まで入線する新松田～箱根湯本の直通運用や入出庫絡みで本厚木までの運用もあったが、主に箱根登山鉄道線内で活躍していた。また深夜時間帯には回送で相模大野まで来ることもあった。2020年8月には1059×4が令和元年東日本台風の被害を受けて長期運休をしていた箱根湯本～強羅の運転再開を記念して1ヶ月ほど10両編成の新宿方4両として小田急全線で運転された。◎鶴巻温泉～伊勢原　2020（令和2）年8月30日

小田急は長年激しい混雑に悩まされており、他車が5扉や6扉車を導入する中、乗車位置の変更なくラッシュ時の乗降時間短縮を目的に客用扉を通常1.3mのところを2mとしスムーズな乗降を確保するために登場した1000形のワイドドア車である通称1500形。4両編成の1551〜1556×4と6両編成の1751〜1752×6の合計8編成が1991年3月から1992年2月にかけて導入された。
◎栢山〜富水
2020（令和2）年3月20日

乗務員室後ろの客用扉は1.5mとされ、それ以外の客用扉は2mとされた。扉間は通常の扉と比べ1.4mも狭くなるため、7人掛けが5人掛け（1992年竣工車は6人掛け）となり、車端部は4人掛けから2人掛けとなった。それにより優先席が不足するため車端部の座席は全て優先席となった。また側面窓も1枚となったが、パワーウィンドウが装備され、手動、スイッチによる自動、乗務員室からの一斉操作が可能となっていた。また一部車両には折り畳み椅子や液晶テレビの車内案内装置設置なども試みられた。
◎町田
2019（令和元）年7月18日

2m扉は座席が少ないことなどがネックとなり1997年から扉幅を2000形と同じ1.6mに縮小する改造が行われ、扉間の座席は他の形式と同じ7人掛けとした。この際に車内は多少 扉の窓に違和感は覚えるものの綺麗に改造されたが、外側は2m扉そのままで開扉時には全開せずに両側に各20cmほど扉が残っている形となり、その部分には取っ手が追加されている。1999年までに36両全てに施された。
◎渋沢〜新松田
2009（平成21）年12月6日

2004年には8両編成の主体が2000形となったため4両編成6本を6両編成4本へするため東急車輛製造にて改造が行われた。これにより4両の先頭車が中間車へと改造され3号車へ組み込まれた1753～1756×6が登場した。元先頭車は1扉だけ扉幅が異なる特徴はそのままに改造された。これによりワイドドア車は6両編成6本となった。新宿口のラッシュ時対策でデビューしたワイドドア車であったが、晩年は新宿乗り入れ運用がなくなり、町田以遠の小田原線や江ノ島線、多摩線で単独で運用された。
◎玉川学園前～町田
2009（平成21）年2月1日

2014年からは更新工事が行われ、制御装置をフルSiC適用のVVVFインバータに変更するなどし、改造前より20～36%運転電力が削減された。また行先・種別表示器がフルカラーLED、車体帯はインペリアルブルー帯へ変更され、車内も新車に準じた仕様となった。まず4両編成の1066×4が改造され、ワイドドア車を除く1000形160両で施工予定であったが、計画が変更となり4両編成7本、10両編成7本の合計98両の改造にとどまった。
◎読売ランド前～向ヶ丘遊園
2020（令和2）年8月19日

2016年からは10両編成の更新工事もはじまった。従来の貫通10両編成以外に4両編成と6両編成を一つに合わせるもので、先頭車の中間車改造も行われた。これは編成の中間にくる先頭車で行われ前頭部や乗務員室を撤去し、新たに構体を繋ぎあわせて客室化し中間車化するもので、4両で施行された。この改造では1056×4＋1256×6が1095×10に、1052×4＋1252×6が1096×10となった。
◎新百合ヶ丘～百合ヶ丘
2022（令和4）年3月16日

2000形

2600形の置き換えとして1995年に登場した2000形は1000形をベースとし、2001年4月までに2051〜2059×8の8両編成9本が製造された。併結を考慮しないことから小田急通勤形初のボルスタレス台車や全電気指令式ブレーキ車（特急車では採用されていた）である他、車体側面の連結面に転落防止幌が取り付けられた。また千代田線乗り入れの準備工事がなされていた。◎相武台前〜座間　2010（平成22）年4月11日

68

2021年度に行われた10両編成化を伴う更新工事では1055×4＋1255×6で行われた。しかし今回の改造では先頭車の中間車化改造は行われず、中間にくる先頭車2両は廃車となり、代わりに1081×8のうち廃車されずに残った中間付随車2両を組み込み1097×10とした。この編成で10両化を伴う更新工事は最後となり1000形の10両固定編成は3編成増えて7編成となった。
◎開成〜栢山
2022（令和4）年

客用扉は1000形ワイドドア車よりは狭い1.6m幅のワイドドア車で、座席定員確保と乗降時分短縮の観点からこの幅とされた。3000形1次車や1000形ワイドドア車の改造でもこの幅が採用されている。また客用扉窓が複層ガラスとなっている他、乗務員室後ろの客用扉は通常と同じ1.3m幅とされている。◎座間〜相武台前　2021（令和3）年3月30日

2000形は登場時から各停主体で運用されており、過去には急行や準急、区間準急などの運用もあったが、現在では主に小田原線の新宿〜新松田、多摩線の各駅停車で運転されている。8両編成のため江ノ島線へは入線しない。また近年ではロイヤルブルーの車体帯を4000形と同じインペリアルブルー帯に張り替える工事が行われている。
◎座間〜海老名
2021（令和3）年12月31日

3000形

2600形、4000形、9000形、5000形の置き換えようとして2001年から製造された3000形は6両編成32本、8両編成15本の合計312両が2006年までに製造された。その後、2011年から10両固定編成化のために中間車の製造が再開され、現在では6両編成27本、8両編成8本、10両編成12本の合計346両が在籍しており、小田急最多在籍形式だ。
◎狛江〜和泉多摩川
2021（令和3）年12月22日

3000形は小田急通勤形として久々の非貫通先頭車として登場。小田急通勤型初のワンハンドルマスコン車だ。車体はステンレスで1000形、2000形とは異なり先頭部はFRP製ではなく鋼製となり、ホームと車両との段差を少なくするため床面高さは従来の1150mmから1120mmに下げた。また電気指令式ブレーキ車であるため、従来の車両との併結のためにブレーキ読換装置を新宿方先頭車に搭載している。
◎梅ヶ丘〜豪徳寺
2019（平成31）年2月3日

6両編成は32本が製造され、製造時期により仕様が大きく異なっている。まず2001年に製造された最初の4本（3251〜3254×6）は2000形と同じ客用扉が1.6mのワイドドア車となっており、座席幅は従来と同じ440mm。窓配置も戸袋窓があるなど3255×6以降と大きく異なっている。また新製時からシングルアームパンタグラフを搭載している。
◎2022（令和4）年1月20日

2003年前半に竣工した2次車（3255〜3262×6）からは標準車両化が進められ客用扉が通常の1.3m幅のものとなり、戸袋窓がなくなり側面窓が大型化された。座席は片持ち式となり座席幅は450mmに拡大。さらに川崎重工製の3259〜3262×6は側面の行先表示器が大型化されたり、冷房装置の増強など3次車に近い形となった。またこの2次車までは先頭車前面窓下に太いロイヤルブルー帯が入っていたが、2004年3月までに3次車以降と同様の細帯に改められた。
◎玉川学園前〜町田

2003年後半から製造された3次車からはさらに標準化が進められた。スカートの大型化、車体裾絞りの廃止、TIOSの導入、電動車比率の1：1化、主電動機出力の増強、主制御装置を1C6Mから1C4Mへ変更、先頭車前面帯の細帯化などの変更がなされており、これ以降に製造された3000形はこれをベースとしている。
◎2020（令和2）年2月17日

3000形では車両からの騒音低減化も行われ、まず3254×6の一部車両で台枠下部の防音カバー試験を行い、3次車1本目となった3263×6では6両全てが車体台枠下部を防音カバーで覆った状態で登場した。また3265×6では比較のため一部の電動台車付近のみカバーを装着した。いずれのカバーも同等の効果があった全密閉モータ化により2008年ごろまでに撤去されたが、3次車以降の車両にはカバー設置の準備工事がなされている。
◎長後
2005（平成17）年6月8日

3000形6両編成の最後の3本（3280〜3282×6）は2006〜2007年にかけて登場した。福知山線脱線事故の後に製造されたため、車体骨格の材質変更や板厚変更など車体鋼性の強化を図った。また3276×6以降に製造された6両編成は前面・側面表示器がフルカラーLED化されて竣工している。
◎相武台前〜座間
2010（平成22）年4月11日

3次車からは8両編成の製造も始まり2004年1月に1本目が竣工した。基本的には6両編成の3次車と同じだが、併結しないためブレーキ読換装置は搭載されていないなどの多少の違いはある。8両編成は7次車まで製造され、最後の2本（3664〜3667×8）では前面・側面の表示器がフルカラーLEDで登場した。
◎参宮橋〜南新宿
2015（平成27）年2月22日

2008年のダイヤ改正で分割併合が激減し、全線での10両通し運転が増加したことから分割編成の必要がなくなり3000形の10両固定化がおこなわれた。まずは6両編成に新造した中間車4両（9次車）を連結する形で、3278～3282×6に組み込み3091～3095×10へと改番した。また2017年からは2018年の複々線化完成の際に行われた新宿口の一部各停10両編成化に伴い8両編成でも10両編成化が行われ、中間車2両（10次車）が3659～3665×8に組み込まれ3081～3087×10となった。この際に3083×10の営業4号車には3333号車というゾロ目車番が誕生した。
◎中央林間～南林間
2023（令和5）年3月19日

2011年9月に小田急向ヶ丘遊園ボウル跡地の一部に「藤子・F・不二雄ミュージアム」が開館することを記念して3093×10に"ドラえもん""パーマン"をはじめとする藤子・F・不二雄作品のキャラクターをラッピングした「小田急F-Train」が2011年8月から走り始めた。客用扉が"どこでもドア"になっているなど特徴的な車両であったが、東京都広告条例に抵触しているため2ヶ月後の9月末に運行を終了した。しかし、人気があったため条例に抵触しないように改められた「小田急F-TrainⅡ」が2012年7月20日～2013年3月22日まで運行された。
◎経堂～千歳船橋
2011（平成23）年9月29日

4000形

2007年に千代田線直通運用の1000形の運用と老朽化した5000形を置き換えるべく登場した4000形は3代目の地下鉄千代田線直通用車両。JR東日本のE233系がベースとなっており、まずは2007～2008年にかけて4051～4057×10の7本が竣工し、2009～2016年にかけて4058～4066×10 9本の合計16本が在籍している。
◎栢山～富水
2022（令和4）年2月21日

4000形はJR東日本のE233系をベースに可能な限りそのままで設計されている。E233系と大きく異なるのは前面形状で、これは50000形や60000形をデザインしている建築家の岡部憲明氏によるものだ。またステンレス車体がダルフニッシュになるなど小田急らしさも見られる。◎梅ヶ丘〜豪徳寺　2019（平成31）年2月3日

小田急では大野総合車両所で全般検査や重要部検査を行う際に6両と4両に分割するが、分割位置が他の形式は新宿方4両、小田原方6両なのに対して4000形は新宿方6両、小田原方4両と逆の組成とされている。また4056×10と4063×10はJR東日本新津車両製作所で製造され、6両と4両に分けられて新津から上越・高崎線経由で小田急へと運ばれた。◎新百合ヶ丘〜百合ヶ丘　2018（平成30）年6月29日

4000形では組成や帯以外にも優先席の位置も変更され、これまで先頭車や1000形ワイドドア車以外の中間車では新宿方車端部に設置されていた優先席が、4000形ではJRに合わせて小田原方車端部に設けられた。これに合わせて既存の小田急全ての通勤形車両の優先席が小田原方に移設する工事が行われ、2009年9月までに位置が統一された。
◎読売ランド〜百合ヶ丘　2020（令和2）年2月21日

4000形の帯はこれまでの小田急通勤形標準帯であったロイヤルブルー帯ではなくインペリアルブルー帯で登場した。この色は1000形、2000形、3000形で徐々に塗り替えが行われ、現在増備中の5000形でも採用され、小田急の新しい標準帯色として定着しつつある。◎参宮橋〜南新宿　2020（令和2）年8月28日

2016年から2018年にかけて4000形9編成が千代田線ATO化と常磐線CBTC対応改造工事のためJR東日本の大宮総合車両センターに松戸車両センター経由で入場した。大手私鉄の車両がJRの工場へ入場するのは非常に珍しく、近年では同じくJR線直通のある相模鉄道の10000系が長野総合車両センターに入場したくらいである。写真は4060×10のときのもの。◎大宮総合車両センター　2017（平成29）年5月27日

4000形はまず6両＋4両の10両編成で運用されていた1000形の運用を置き換え、しばらくは1000形10両固定編成と共通で千代田線直通運用を受け持っていた。その後、4000形が増備されると2011年までにその1000形も置き換え千代田線直通運用は完全に4000形のみが受け持つようになった。
◎綾瀬〜北綾瀬
2015（平成27）日5月30日

2016年3月の改正からJR常磐緩行線、地下鉄千代田線、小田急小田原線、多摩線との相互直通運転がはじまった。これによりこれまでは地下鉄千代田線の綾瀬までの乗り入れであった4000形は常磐線の取手まで乗り入れることとなり、小田急車が江戸川や利根川を渡り千葉県、茨城県まで運転されている。これまでも小田急線と常磐線を結ぶ列車はあったもののメトロ車で運行されていた。◎松戸〜金町　2021（令和3）年6月8日

5000形

2600形からはじまった小田急の車両大型化は主に近距離向けに製造されていたが、1969年に中型車が残っていた急行・準急用車両の大型化のために登場した5000形。当時の優等列車は 8 両編成で走っていたため、その半分の 4 両編成で登場し、1977年までに15本が製造された。◎本厚木〜厚木　2010（平成22）年 9 月 4 日

走行機器は2400形がベースであった。1977年に急行は10両化され、それからは新宿方4両に連結されることが多かった。5051 〜 5058×4 までは非冷房車として登場し、屋根上には通風機が載っていたが、1971 〜 1972年にかけて冷房化された。また5059 〜 5062×4 は小田急初の新製冷房車で、これまた屋根上には通風機が載っていた。これらの車両にはスカートが1971 〜 1973年にかけて装着された。◎大和　2006（平成18）年 8 月 4 日

前面デザインは2600形や4000形とそっくりであるが、大きく異なるのは前面窓ガラスでこれまでは下部に窪みがあったが、清掃などを考慮してなくなり、窓周りがスマートになった。また車体外板塗装がケイプアイボリー地にロイヤルブルー帯とした新塗装で新製時から登場した最初の形式となった。
◎新百合ヶ丘～百合ヶ丘　2010（平成22）年6月3日

5063～5065×4は新製時からスカート装備し、前面手すりの形状が9000形や5200形と同様。屋根に通風機は設置されなかった。また5000形は1990～1998年にかけて更新工事を実施された。側面種別表示が種別と行先を併記した側面方向幕に変更された他、車内の化粧板がライトグリーン系からホワイトベージュ系に変更されるなどした。
◎狛江～喜多見　2010（平成22）年9月4日

スカートに丸い穴が空いているが、これは1985年に行なわれた電子警笛試験の名残りで、試験が終わった後も廃車まで
このままであった。◎代々木上原～代々木八幡　2008（平成20）年10月4日

5000形は晩年、3000形と併結して運用されることも多かった。両形式はブレーキ方式が異なっており、そのままでは併結できないため3000形にブレーキ読替装置が設置されている。これにより最新と古参の併結を度々見ることができた。
◎玉川学園前〜町田　2021（令和3）年11月14日

小田原〜箱根湯本の各停4両化に伴い5200形の一部が4両化されたが、5000形も登山線での運用があった。しかし、1年ほどした2009年3月からはレーテッシュ鉄道カラーの1000形が登場したことにより入線する機会は少なくなった。
◎入生田　2008（平成20）5月5日

5200形

1977年から急行の10両化が行われ、4両編成と組む6両編成が不足していたため、1978年に6両編成3本が登場し、1982年までに20本が製造された5200形。車両形式は4両編成の5000形と同じデハ5000形、クハ5050形であるが、5000形と9000形のあいのこのような車体で車番も5200番代で区分されていることから通称5200形と呼ばれている。
◎町田
2007（平成19）年9月19日

2007年に小田急は創立80周年を迎え、それを記念して5000形を含む全ての通勤形車両の乗務員扉と客用扉の間に「ありがとうを次のよろこびへ　80 Anniversary ODAKYU」と描かれた記念のステッカーが貼り付けていた。約1年間掲示され、このステッカーが剥がされるのとほぼ同時の2008年3月には小田急グループのブランドマークが車体に貼り付けられ、80周年記念ステッカーが掲出されたほぼ同じ位置にも貼り付けられた他、車体前面や帯などにも掲出され、外観が変わった。
◎町田
2007（平成19）年7月29日

いわゆる小田急顔で登場した最後の形式で、5200形は8000形の製造が開始されるまで製造された。4両編成の5000形と大きく異なるのは側面窓が2段上昇窓であったものが9000形のような1段下降窓に変更されており、9000形で問題となった隙間に雨水が入る点は解消し、これは8000形などでも採用された。
◎海老名～厚木
1982（昭和57）年3月29日

5200形は1996～2002年にかけて車体更新工事が行われた。この際に5251～5258×6は側面扉窓と戸袋窓の支持方式がＨゴムから5259×6以降と同様の金属押えに変更された。また車内の化粧板がライトグリーン系からホワイトベージュ系になり、座席モケットがワインレッド系に変わるなどし、小田急通勤形初の車椅子スペースも設置された。
◎開成～栢山
2007（平成19）年2月3日

2000年以降から5255、5256、5259、5262、5263、5265～5270×6の11本で前照灯をシールドビーム化している。また2001年の更新車からはシングルアームパンタグラフ化が行われ、これは後に全編成で行われている。この他にパンタグラフを3基から2基に削減したものなどもいた。◎鶴間～大和　2010（平成22）年8月25日

2008年３月の箱根登山鉄道小田原〜箱根湯本の各駅停車４両化に伴い４両編成が不足することから、5255・5256・5258×6の４・５号車にあたる中間車のM1とM2を廃車とし、４両編成化が行われた。箱根登山線運用のみならず小田急全線で運用された。またこの5255×4は5200形としては最後まで残った編成だった。
◎秦野〜東海大学前　2011（平成23）年２月19日

3000形が増備されると5200形も廃車が発生した。まず2006年5月に5259×6が廃車となり、この年度に4編成が廃車となった。その後、本格的に始まったのは4000形が登場した2009年からで、2011年1月末に「5000形10両さよなら運行」が行われ6両編成は引退した。また4両編成は5255×4が2012年1月に引退し、5200形は全て廃車された。また5000形は5063×4が最後まで残り2012年3月16日に引退し、海老名検車区でのさよならイベント後に廃車された。
◎生田〜読売ランド前
2011（平成23）年1月30日

2600形

1993年からはラッシュ時間帯の輸送力増強のため8両化改造がおこなわれ、6本が8両に12本が6両のまま残った。この時に余剰となったT車などを集めて電装化改造した2666×8が1995年に登場し、2000形に先駆けてIGBT素子のVVVFインバータ車となった。しかし、2000年にはこの編成が2600形の編成単位での最初の廃車となり、主制御機や主電動機は2054×8に流用された。その後、2000形の増備や3000形の登場によって、急激に編成数を減らし、8両編成は2001年度中に全て廃車となった。6両編成では2003年10月に2670×6が登場時のリバイバルカラーとなり、2004年6月5日のさよなら運転をもって2600形は引退した。またこの塗り分けは実際の旧塗装とは少々異なるものであった。
◎和泉多摩川
1980（昭和55）年6月15日

小田急の自社発注車初の20m大型通勤形車両として登場した2600形は1964年から1968年にかけて、22編成132両が製造された。当初はホーム有効長の関係で5両編成で登場し、1968年に全車6両編成となった。またNew High Economcal carから「NHE車」などと呼ばれた。
◎海老名検車区
1980（昭和55）年6月15日

旧4000形

1966年から車体や制御機器は新製し、旧型車両の主電動機を流用して登場した4000形は吊り掛け駆動の3両編成で1970年までに22本が製造された。その後1800形と併結5両編成を組んでいたが、脱線事故があったことから併結されなくなり、中間2両ユニットが作られ13本が4000形のみの5両編成化がされている。
◎下北沢
1973（昭和48）年6月16日

見た目に反して吊り掛け駆動であった4000形は1985～1988年にかけてカルダン駆動化と冷房化、編成組み換えが行われ、4両編成8本と6両編成10本に改められた。改造後は急行から各停まで幅広く運用されていたが、3000形の登場で2003年から廃車が始まり、2004年12月の梅ヶ丘〜喜多見複々線化ダイヤ改正前日に引退し、2005年1月までに廃車となった。近年の車両としては珍しくさよなら運転などは行われなかった。
◎大根（現・東海大学前）

新5000形

4000形以来13年振りの通勤形車両として2020年に登場した5000形は10両固定編成で、2023年春時点で12本製造されている。また8000形以来28年ぶりの2.9m幅車体の車両でもある。特徴的な前頭部はくの字型の非貫通となっており、これはクラッシャブルゾーンも兼ねているようだ。
◎狛江～和泉多摩川
2021（令和3）年12月22日

5000形の車内は座席モケットがオレンジ色となり、床は木目模様となった。また座席袖仕切りの半分をガラスとすることで車内の閉塞感を抑え、明るく温かみのある車内となっている。また車両情報管理装置はこれまでのTIOSに代わって、JR東日本のINTEROSに相当するN-TIOSを導入している。◎新松田～開成　2022（令和4）年12月31日

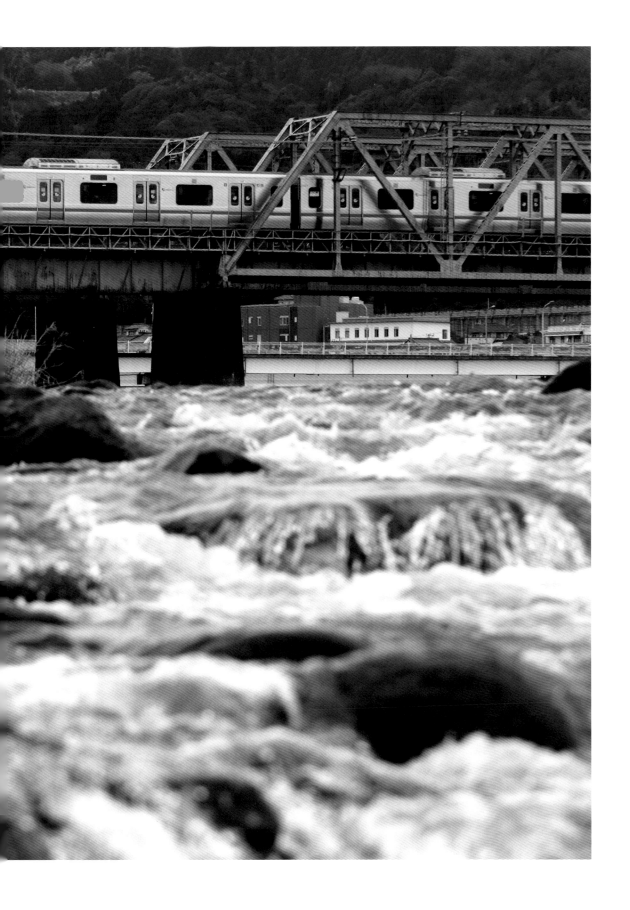

8000形

1982年に界磁チョッパ制御の地上専用車として登場した8000形は4両編成と6両編成がそれぞれ16本、160両が1987年までに製造された。この8000形の登場により中型車のほとんどが置き換えられた。他形式とも併結ができ快速急行から各停まで幅広く活躍している。◎栢山〜富水　2022（平成4）年2月21日

これまでの形式と大きく異なるのは前面形状で、当時流行りのブラックフェイススタイルとなり、前照灯や標識灯が前面窓下に変更された。また側面窓は5200形と同様の1段下降窓となっているが、より雨水対策がなされている他、床板や屋根板はステンレスとして長寿命化を図っている。
◎大和
2005（平成17）年2月2日

2002年からは車体更新工事が行われた。まずは6両編成の8251、8255×6で実施された。車体の補修が行われた他、空気圧縮機が交換され、補助電源装置はSIV化された。また運転台にはモニタ装置を助手席側に設置した。この際に制御装置は更新はしたものの引き続き界磁チョッパ制御とされた。◎栢山～富水　2015（平成27）年5月13日

2003年の8254×6からは更新工事の内容が変更され、制御装置が3000形3次車と同様のVVVFインバータ化された。またブレーキは電気指令式に変更され、ブレーキ読替装置を設置した他、電動車を1両付随車化して3M3Tとなった。運転台はモニタ装置がメーターパネルに埋め込まれ、左手ワンハンドルマスコンとなっている。
◎読売ランド前～百合ヶ丘

8000形からは冷房装置が２台ずつカバーに納められ、屋根上の外観もすっきりとした。また1987年に製造された最終増備車のなった8064 〜 8066×4と8266×6では車内がホワイト系の化粧板にワインレッド系の座席モケットとなり、この配色は以降に新造された1000形や5000形の更新車でも採り入れられた。
◎新百合ヶ丘〜百合ヶ丘　2018（平成30）年６月15日

2007年に施行された8264×6からは仕様が変更され、主電動機や電動空気圧縮機が4000形と同様ものに変更された。またこの年から4両編成でも開始され、まずは8051×4から施行され、こちらにはブレーキ読替装置は設置しなかった。2013年の8059、8061×4をもって更新工事は完了し、最後の2本はインバータ装置が変更されている。
◎和泉多摩川～狛江　2017（平成29）年5月1日

2021年までにこれまでクヤ31形と併結していた1000形の1051×4、1751×6、1752×6が廃車されたことで、牽引する車両がいなくなることから、8000形の8065×4と8066×4に電源供給改造工事が施行され、8000形で牽引するようになった。◎2021（令和3）年11月14日

更新工事も終わり、全車安泰であった8000形だが、2019年6月19日に本厚木〜愛甲石田で発生した踏切事故で脱線損傷した8264×6が2020年4月に8000形として最初に廃車となった。その後、界磁チョッパ制御で残っていた2編成が2020年度内に廃車となっている。本格的な廃車は2022年10月ごろから始まり徐々に数を減らしている。◎新松田〜渋沢

9000形

営団地下鉄千代田線との相互直通運転のために1972年に登場した9000形は４両編成10本と６両編成８本が1977年までに製造された。後に9010×4にサハ車２両を増結して9409×6として、それぞれ９本体制となった。また小田急では初めて界磁チョッパ制御が採用された。前面デザインは特徴的なものとなり、４両編成は全電動車となっていた。
◎海老名
2020（令和２）年３月１日

1978年の千代田線代々木上原開業から直通運転が開始された。その後1000形が製造されると1991年には全車地上専用車として運用された。特に４両編成の9001〜9006×4は奇数編成を小田原方、偶数編成を新宿方として全電動車の８両固定編成にされ、新宿口の各停で活躍した。さらには中間の先頭車からは運転台が撤去されている。
◎世田谷代田〜梅ヶ丘

シングルアームパンタ化などが施され、６両編成は急行から各停まで幅広く、８両編成は各停で活躍した。3000形が登場したことで一気に置き換えられ、2006年３月に定期運行を終了し、2006年５月のさよなら運転をもって全車引退した。
◎代々木上原
2005（平成17）年３月22日

クヤ31形

2004年にこれまで夜間に行っていた架線検測や軌道検測などの定期検測を昼間にできるようにするために登場した総合検測車のクヤ31形。3000形をベースとした制御付随車で「テクノインスペクター」の愛称がつく。電源供給改造された1000形の牽引で、全線を2日ほどかけて検測していたが、牽引していた1000形の廃車で現在では8000形がその任に就いている。
◎参宮橋～代々木八幡
2018（平成30）年7月14日

営団・東京メトロ6000系

営団地下鉄千代田線用の車両として1968年に登場した6000系は1990年までに36編成353両が製造された。小田急には1978年の代々木公園～代々木上原全線開業時から乗り入れがはじまり、車体裾の関係で入線できない6101編成以外の10両編成が乗り入れてきた。
◎座間～相武台前
2016（平成28）年4月5日

製造期間が非常に長かったこともあり、車両の仕様が途中で変更されている。例えば6122編成以降は側面窓が2段窓から1段降下式に変更されたり、6133編成以降は新製時から冷房が設置されていたりする。また車体更新工事となるB修工事が1988年から2007年まで実施され、こちらも期間が長いため仕様が途中で変更された。
◎読売ランド前～百合ヶ丘

JR常磐線との相互直通運転開始までは小田急とJR常磐線を結ぶ列車は6000系をはじめとする営団・東京地下鉄車で運転されていた。2010年度から導入された16000系の登場で6000系は廃車が始まり、2017年5月までに乗り入れ運用が16000系に全て置き換えられた。その後は小田急入線不可車両として2018年10月まで定期運行され、11月に営業運転を終えている。
◎狛江〜和泉多摩川

営団・東京メトロ06系

1993年に千代田線輸送力増強に伴い営団車を1本増備することとなり、1992年に登場した06系は同時期に登場した有楽町線の07系と基本設計を共にする形で1本のみが製造された。運行開始当初は小田急に乗り入れなかったが、後に乗り入れるようになった。16000系が登場してしばらくした2015年8月に他線区へ転属することなく廃車となった。有楽町線を追われた後、東西線に転属した07系とは明暗が分かれる形となった。なお07系は一時期だが東西線帯のまま千代田線でも運転され、小田急には入線しなかったが、代々木上原には入線している。
◎向ヶ丘遊園〜生田
2014（平成26）年6月2日

東京メトロ 16000系

東京地下鉄6000系の置き換え用として2010年に登場した16000系は2017年までに10両編成37本が登場した。最初の16001〜16005編成までは前頭部形状が貫通扉が中央に設置された左右対称のデザインであった。
◎新百合ヶ丘
2018（平成30）年3月10日

2011年に登場した16006編成からは前頭部の貫通扉が向かって左側に寄せられたデザインに変更され、左右非対称となった。また16000系は2011年に鉄道友の会のローレル賞を受賞している。
◎小田急永山〜小田急多摩センター
2014（平成26）年6月2日

2015年に登場した16017編成からは車内照明のLED化や車椅子スペースの全車両への設置などのマイナーチェンジがおこなわれ、車体側面帯や前面の帯にソフトグリーンとイエローグリーンの2色を追加している。
◎狛江〜和泉多摩川
2018（平成30）年2月24日

JR東日本E233系

常磐緩行線の203系や207系900代の置き換え用として2009年に登場したE233系2000代は2016年までに10両編成19本が製造された。これまでのE233系とは異なり千代田線に直通することから前面に貫通扉が設けられている他、ヘッドライトの位置も異なるなど印象が異なる。また小田急乗り入れに備えて、2013〜2015年にかけて小田急の無線などの保安装置を搭載する工事がおこなわれている。
◎経堂〜千歳船橋　2017（平成29）年3月4日

2016年3月のJR常磐緩行線、地下鉄千代田線、小田急との相互直通運転開始により、これまで代々木上原で見かけるだけであったJRのE233系が小田急線内まで走行することとなった。このダイヤ改正直後は朝夕のラッシュ時間帯は小田原線の準急や急行などで、昼間は多摩線直通の多摩急行運用が多く設定されていた。また夜には急行伊勢原行きがあり、伊勢原まで足を伸ばした。
◎生田〜向ヶ丘遊園　2017（平成29）年4月18日

3000形SE

時代の最先端を行く画期的な軽量高性能特急電車として登場した3000形は1957年7月6日より運転が開始された。流線型で低重心、連接構造、鉄道車両初のシールドビームなど様々な機構が盛り込まれた他、ミュージックホーンも搭載された。また運行開始直前には東海道本線で高速試験が行われ当時の狭軌最高速度となる145km/hを記録している。
◎愛甲石田～伊勢原　1981（昭和56）年10月28日

2019年には登場時の仕様に復元された3000形SEと最新の70000形GSEが海老名検車区で並んで展示された。3000形SE車ではオレンジバーミリオンにシルバーグレイのツートンカラーと白帯をあしらった外板塗色は当時画期的で、3100形NSEや7000形LSEでも採用された他、特にオレンジバーミリオンはロマンスカーを代表する色として70000形GSEでも採用され使い続けられている。◎海老名検車区　2019（令和元）年5月25日

1967年の御殿場線電化の際にこれまでのキハ5000、5100形に代わり3000形が乗り入れることとなり、8両編成4本を5両編成6本に改造してSSE車となった。連絡急行「あさぎり」として運転された他、「さがみ」や「あしがら」「えのしま」などでも運転され、5両編成だけでなく2本繋げた重連の10両編成で運転することもあった。1991年3月15日の「あさぎり8号」で定期運行を終了し、1992年3月にさよなら運転が行われ全車引退した。◎南新宿～参宮橋

3100形NSE

3100形NSE車は3000形SE車の人気からロマンスカーが輸送力不足となり、さらなる増備のために製造された。単純なSE車の増備ではなく連接11両編成で、ロマンスカー初の前面展望室や全車新製時から冷房付きになるなどこの後に登場するロマンスカーの礎となった。当初は2本が導入され1963年3月16日から運行が開始され、1967年までに7編成が導入された。◎玉川学園前～町田　1976（昭和51）年9月15日

小田急では前面展望室の構想はこれまでもあったが、3100形でようやく実現した。しかし名古屋鉄道7000形が一足早い1961年に日本初の前面展望車として登場し先を越されてしまっている。どちらも日本車輌製造で作られており、名鉄7000形との大きな違いは乗務員が車内からハシゴで運転室に入る点や強化曲面ガラスの採用などだ。この展望室はロマンスカーの代名詞になっていった。
◎海老名〜厚木
1982（昭和57）年 3 月29日

3100形はまた当初から全車冷房化されていたが、冷房効率を高めるため1977年から冷房装置の増設をおこなった。この際に床下にはもう設置スペース無いため屋根上にユニットクーラーを増設している。また登場から20年が経った1983年からは更新工事が行われ、喫茶コーナーの拡大や仕切りの設置、はめ込み式の五角形の愛称板を長方形の電動幕式へと変更などがおこなわれた。
◎東海大学前〜秦野

登場から30年近く運転されてきた3100形であったが、1996年から廃車がはじまり、1999年 7 月16日の「あしがら80号」を最後に定期運転から引退した。また1997年には小田急創立70周年を記念して3161×11を改造し「ゆめ70」が登場。先頭車の車内は展望室を除き座席を撤去してソファを設置し、ラウンジスペースとなった。しかし当初から検査切れまでの期間限定とされていたため2000年 4 月23日に「ゆめ70さよなら運転」をもって廃車となり3100形は全車廃車となった。
◎小田原

7000形LSE

3100形NSE以来18年ぶりの新型特急車として1980年に登場した7000形。「Luxury Super Express」と名付けられ、LSEという略称で呼ばれた。1983年にかけて連接11両編成4本が製造されている。この18年という期間は小田急史上、新型特急車が登場しなかった最も長い期間となった。◎新松田～開成　2018（平成30）年2月6日

7000形LSEは3100形NSEを基本として、居住性の向上、機能性の向上などを考慮して設計された。3100形と同じく前面展望室があるが、この窓の傾斜角度が60°から48°に変更され前灯や標識灯、愛称名表示器などを窓下に埋め込む形としシャープさを強調した。また車体外板塗装は3100形とほぼ同じ塗り分けとなっているが、白帯の本数が違っている。
◎海老名～厚木　1982（昭和57）年8月9日

3100形NSEと同じ連接11両編成であるが、7000形LSEでは全長は5ｍ長い145ｍとなった他、これまでの全車電動車であったが、喫茶カウンターがある3・9号車は付随台車の履いたサハ7050形となった。また客用の乗降扉はSEとNSEでは手動であったが、LSEからは自動扉となった。しかし一部駅で検札乗車を実施していたため半自動機構もついている。
◎渋沢〜新松田
2017（平成29）年7月16日

7000形LSEでは小田急初となるものが複数ある。少し例をあげると、他車種と併結がないため全電気指令式ブレーキを採用し、これによりワンハンドルマスコンを導入できた。また座席は折り返し時の作業効率向上のため、展望室を除き自動回転機構が装備され、以降に登場した全てのロマンスカーにこれらの機構が採り入れられている。
◎開成〜栢山　2016（平成28）年6月26日

1982年12月には国鉄の新型車両開発のために7002×11が貸し出され、車内には検測機器を設置、大磯〜二宮や小田原構内、真鶴〜湯河原などのレールにも計測機器を設置し、東海道本線大船 〜熱海で130km/hの高速試験がおこなわれた。同じ試験は11月下旬に183系でも行われ、同時期に製造された連接車とボギー車とで性能比較がなされた。
◎東海道本線　茅ヶ崎〜平塚　1982（昭和57）年12月10日

試運転では国府津を拠点として大船〜熱海・来宮を2往復しているため、藤沢では普段走る江ノ島線の下をくぐり、小田原では小田原線の脇を駆け抜け、小田原〜早川では箱根登山線と並走した。また東海道本線での小田急車の試運転は1957年9月に3000形SE車3011×8でも実施されている。
◎東海道本線　藤沢〜辻堂
1982（昭和57）年12月13日

登場から15年が経過した1995年度からは更新工事が実施された。この工事では3号車でバリアフリー対応がなされ、乗降扉幅が700mmから1000mmに拡幅された。また座席はバケットシートとなり、禁煙車はブルー系、喫煙車はブラウン系と色分けがされたが、2007年3月にロマンスカーは全車禁煙化されている。
◎本厚木〜厚木
2012（平成24）年2月3日

最初に更新工事を受けたのは7003×11で1997年までに7000形全編成が日本車輌製造にて改造された。この工事では内装だけでなく車体外板塗色も変更されており、10000形HiSEと同じパールホワイトとワインレッドの塗り分けに変更された。この際に喫茶カウンター部分の外板にHiSEと同じホワイトライン5本が描かれていたが、1996年度に施行された7001×11からは百合マーク変更されている。これによりワインレッド基調の車両は展望室つき、パステル系は御殿場線乗り入れの20000形RSE、ブロンズ色は30000形EXEと3種類に識別できるようになった。
◎参宮橋〜南新宿
2012（平成24）年2月5日

2007年7月に小田急創業80周年とロマンスカーSE登場50周年を記念して7004×11の車体外板塗色が登場時と同様のものに戻された。見た目はそっくりであるが、更新工事で展望室の窓ガラスが熱線吸収ガラスに交換されているためカーテンが撤去されている点や展望室の窓サッシが黒色に塗られている点、パンタグラフがシングルアームになっている点などが異なっていた。
◎代々木上原～代々木八幡
2008（平成20）年10月4日

2010年1月に7002×11が7000形LSE初の廃車となった。この編成を大野総合車両所で解体している際に台車付近で亀裂が見つかり同じ台車を履く他の7000形や10000形HiSEが緊急点検のため急遽運用を離れた。これら5編成が運用復帰するまでの間、EXEやMSE、VSEなどで代走を行うこととなり、VSE初の「さがみ」「ホームウェイ」運用や全区間4両編成の「えのしま」「さがみ」運用など車両運用を工夫してなんとか乗り切った。
◎新松田～開成
2010（平成22）年12月23日

2012年2月18日に7001×11が廃車となり2本体制となった7000形LSEでは7003×11にも旧塗装化が実施された。この際に展望室窓枠は7004×11と異なり銀色に戻されている。またこれにより更新時に塗り替えられたHiSEと同じ塗色はHiSE引退直前の2012年2月にLSEから消滅した。
◎読売ランド前～百合ヶ丘

晩年はVSEと共に数少ない展望車両として運行されていた7000形LSEは2018年3月に運行が開始された70000形GSE登場により7003×11が2018年6月に廃車となり一部が解体された。また7004×11はGSE2本目となる70052×7の運用開始直前となる2018年7月10日の「ホームウェイ83号」で定期運用から退き、10月13日のさよならツアーをもって引退し、全車廃車となった。
◎相模大野
2017（平成29）年6月9日

10000形HiSE

小田急創立60周年を記念して1987年に登場した10000形。High Decker、High Grade、High Levelなどから「HiSE Super Express」を略して「HiSE」と名付けられた。1987年12月23日から運用され、1989年7月までに連接11両編成4本が製造された。また形式は車番が埋まっていたため小田急でははじめて5桁となった。
◎開成～栢山
2007（平成19）年2月3日

10000形HiSEは7000形LSEをベースとして設計されているが、台車は同じものを履いている。展望室付近以外は当時流行りであったハイデッカー構造とされ、また前面展望窓の傾斜は37°とさらに緩やかなもので、運転台から展望室窓下まで一体としたデザインとなっており、スピード感がより強調されている。
◎町田
2012（平成24）年3月14日

座席は7000形LSEは回転リクライニングシートであったが、10000形HiSEでは背ズリが固定された回転クロスシートとなりリクライニングできなかったが、初めから背ズリが7000形LSEのシートを傾斜させた状態と同じ角度になっていた。また10001、10021×11の展望室座席の色が青と赤とを一脚ずつ交互に配置されており、正面から見ると非常に目立っていた。
◎足柄～小田原

車体外板塗装はこれまでのロマンスカーのイメージを一新したパール・ホワイト地に窓部と裾にロイヤル・ワインレッド、窓下の帯にはオーキッド・ワインレッドで塗り分けられ、3000形SE車以来の塗色から一新された。また喫茶カウンター部分の外板にはホワイト5本のアクセントマークが施されていたが、1996年頃に百合マークへ変更されている。
◎鶴巻温泉～伊勢原

本来であれば製造から15年ほどで車体更新工事を受けるが、ハイデッカーが仇となり交通バリアフリー法によるバリアフリー化ができないため更新工事は実施されず、50000形VSE登場後の2005年に川崎重工製の2本（10021×11、10061×11）が廃車となり、長野電鉄へと譲渡された。◎秦野～東海大学前　2011（平成23）年2月19日

2005年8月12日に長野電鉄に譲渡された10021×11と10061×11は1、2、10、11号車のみを残して編成短縮が行われ、日本車輌製造にて改造されてた。長野電鉄では展望席部分をバリアフリー対応とすることで乗り切った。また塗り分けは基本的には小田急時代と同じだが、ワインレッド帯は長電レッドに変更されている。「ゆけむり」という愛称がつけられ、2006年12月9日から特急で運転されている。
◎長野電鉄長野線
朝陽〜附属中学前
2020（令和2）年10月25日

川崎重工製の2本が廃車となった後、2本体制となった10000形HiSEは7000形LSEと共通で運用されていたが、HiSEにはD-ATS-P工事が実施されなかったため2011年6月に10041×11が廃車となり、2012年3月16日の「はこね36号」をもって10001×11も引退。3月末の海老名検車区でのイベントの後に廃車となった。
◎海老名検車区
2011（平成23）年10月15日

20000形RSE

3000形SSEの片乗り入れで運行されていた連絡急行「あさぎり」の車両老朽化と特急化、沼津延伸、JR東海との相互乗り入れ体制への変更のため1990年に登場した20000形。Resort Super Expressを略して「RSE」と名付けられ、1991年までに7両編成2本（20001、20002×7）が登場した。
◎相武台前〜小田急相模原
2009（平成21）年3月5日

JR東海との相互乗り入れを行うことから、20000形と371系は編成構成や性能、車体長、定員、保安装置などが協定により揃えられているため、SE車からのロマンスカーとしては初めてのボギー車（特急車としては2300形以来）として登場し、371系と共に3000形SSEを置き換えた。◎御殿場線　富士岡〜岩波　2011（平成23）年12月12日

20000形RSEは10000形HiSEと同じくハイデッカー構造で、主要機器も7000形や10000形と同様のものとなっている。10000形とボギー車以外で異なっているのは座席が回転リクライニングシートであることや展望室がないところだ。20000形では展望室がない代わりに前面窓が非常に大きく、ハイデッカーであることもあり先頭車両の最前列から運転席越しに前面展望を楽しむことができた。◎参宮橋〜南新宿　2012（平成24）年2月5日

これまでのロマンスカーと20000形RSEが大きく異なるのは3・4号車に2階をスーパーシートとしたダブルデッカー車がある点だ。このスーパーシートはJRのグリーン車に相当するもので、小田急ではグリーン車設定がないためこのように呼ばれる。2＋1列配置で座席もゆったりとしたものとなっていた。またダブルデッカー車同士の連結面の貫通路は2階部分に設けられていた。◎御殿場線　岩波～裾野　2011（平成23）年11月23日

スーパーシートのある3・4号車の1階は普通席となっており、3号車は2＋1列配置だが座席は他の号車と同じものとなっている。また4号車には371系には無い大型ソファとテーブルが配された4人用セミコンパートメントが3室あり、こちらは追加料金なしで利用することができた。しかし、これは発券時にVSEのサルーンシートのように個室単位ではなく、座席一つ一つをバラバラで発券することができたため、いつも町田から満席となっていた土休日の「はこね2号」などではセミコンパートメントの4人全員が知らない人同士などということも起きた。
◎相武台前～座間
2010（平成22）年4月4日

車体外板塗色はスペリア・ホワイト地に窓周りと裾部にオーシャンブルー、窓下にオーキドレッドの帯を配したパステル調となっており、このカラーリングは一部の軌陸車にも施されていた。また1996年には2・6号車の側面に百合マークが貼り付けられた。
◎成城学園前～喜多見

1991年3月16日の沼津行き特急「あさぎり1号」より運転が開始された20000形RSEは通常1編成が「あさぎり」運用でもう1編成は「はこね」などの箱根特急運用に就いているが、1編成しかない371系が検査などで運用できない際は全ての「あさぎり」が20000形RSEで運転され、箱根特急運用は他形式で運転されていた。
◎御殿場線　山北〜谷峨
2008(平成20)年3月29日

基本的に小田原線や御殿場線で走行する20000形RSEであるが、「初詣号」などでごく稀に入線することもあった。しかし2010年1月のLSE、HiSEの緊急点検による運用離脱の際には所定LSEとHiSEで運転される藤沢行きの「ホームウェイ91号」にて江ノ島線でも運用された。この運用にはLSEやHiSEが復帰した後も20000形RSE引退間際まで頻繁に運転され、江ノ島線でも2階建車やスーパーシートに乗ることができた。
◎新百合ヶ丘
2012(平成24)年2月5日

JR東海の沼津まで乗り入れ、過去には身延線富士宮まで入線した20000形RSEであったが、10000形HiSE同様にハイデッカー構造が仇となり、D-ATS-Pは設置されず2012年3月16日の「あさぎり8号」で定期運用から引退した。JRに乗り入れ、スーパーシートやダブルデッカーのある唯一無二のロマンスカーは20年あまりで姿を消した。
◎御殿場線　御殿場〜足柄
2012(平成24)年2月24日

小田急では姿を消した20000形RSEであったが、2013年11月11日に20002×7が富士急行に譲渡され、日本車輌製造にて1・6・7号車を使った3両編成に短縮の上、8000系「フジサン特急」として登場した。この際に元6号車となるサハ20052ではバリアフリー対応として車体1/3の床面を下げ、車椅子対応としている。またデビュー前には車体に描かれる「フジサン」のキャラクター総選挙も行われた。
◎富士急行大月線　大月
2014（平成26）年11月7日

JR東海371系

1991年3月より御殿場線の連絡急行「あさぎり」の特急化と沼津延伸のため小田急20000形RSEと共通の仕様で登場したJR東海の371系。20000形と車内構成は基本的には同じであるが、4号車1階席は3号車と同様の2＋1列配置の普通席となっている点だ。またこちらはスーパーシートではなくグリーン車と呼ばれるが、小田急線内はスーパーシートと案内されることもあった。
◎御殿場線　富士岡〜岩波
2009（平成21）年4月11日

371系は1本だけ製造され、編成番号は当時最新鋭の100系新幹線と同じX1。車体外板塗装も100系と同じ白3号地に窓周りは青20号帯、100系同様に窓帯下にはピンストライプが配されている。また車内の座席などの配色も100系X編成とよく似ており、流線型の先頭形状も相まって在来線を走る新幹線用電車というような装いであった。
◎御殿場線　御殿場〜足柄
2011（平成23）年4月17日

主要機器や台車は211系や311系と同じ界磁添加励磁制御車で5M2T、小田急線内を走る特急車では初めてボルスタレス台車を履いた車両でもあった。またマスコンは小田急側に合わせられ、JR東海初の右手ワンハンドルマスコンが採り入れられていた他、保安装置や無線などは両社のものが搭載されていた。
◎向ヶ丘遊園～生田
2008（平成20）年10月4日

主に「あさぎり」で運用され、朝晩には沼津～静岡で「ホームライナー」としても運転された371系であったが、2012年3月16日をもって小田急乗り入れが終了し、その後は波動用として御殿場線のみならず東海道本線や中央西線などで運行され、2015年3月に廃車となった。
◎中央本線　大桑～須原

371系は廃車後の2015年に富士急行へ譲渡され、JR東日本長野総合車両センターにて3両編成への短縮改造が施された後に8500系として富士急行へ入線した。2016年4月より「富士山ビュー特急」として先に譲渡された元小田急20000形の8000系と共に御殿場線とは富士山を挟んだ反対側で今日も運転されている。
◎富士急行大月線
寿～三つ峠
2016（平成28）年5月8日

30000形 EXE

小田急ロマンスカーとして初のVVVFインバータ制御車で、ボルスタレス台車を履き、分割併合機構をもった20mボギー車6両編成と4両編成で構成されており、これまでのロマンスカーとは大きく方向転換する形で1996年に登場した30000形。Excellent Expressの略から「EXE」と名づけられ、ロマンスカーで唯一SEがつかない。なお"エクゼ"ではなく"エクセ"と読む。
◎玉川学園前〜町田

これまでのロマンスカーは箱根などの観光客をメインに据えて設計されていたが、1967年からはじまった回送を営業運転とした新宿〜新原町田の通勤特急需要や「さがみ」などの本厚木、新原町田停車など徐々に日常の通勤・都市間輸送列車としての役割が強くなっており、その需要に応えたのが30000形EXEであった。
◎相武台前〜座間
2012（平成24）年4月8日

1999年までに6両編成と4両編成のそれぞれ7本づつが製造され、3100形NSEを置き換えた30000形EXE。併結して運用されることが多く10両編成では定員が588名となり、20mボギー車7両分の長さしか無い連接11両と比較して100名以上定員が増えた。また10両編成運行時は私鉄の有料特急車としては最大の輸送力であった。
◎海老名検車区
2023（令和5）年3月21日

併結時に両先頭車となる1・10号車は非貫通先頭車で前面には大型ガラスを設置し、客室からも展望が確保された。また併結する6・7号車は貫通先頭車となっており併合の際には自動幌装置により格納されていた幌が自動でせり出てくる。このような2つの顔がある初めてのロマンスカーとなり、当然乗務員室の広さも異なる他、6両編成と4両編成は下の番号を揃えたセットで運用されており、分割しても必ず同じ番号で併結する運用が組まれている。
◎開成～栢山　2021（令和3）年6月1日

小田急ロマンスカーでは唯一ブルーリボン賞を受賞できなかった30000形EXEであったが、沿線からの評判は上々で新宿を18時以降に発車する「ホームウェイ」は満席となる列車が多く主力車種としてその10両編成の輸送力を最大限発揮している他、朝の「さがみ」「えのしま」(後のモーニングウェイ)でも大活躍している。
◎参宮橋～代々木八幡
2008（平成20）年7月20日

内外装は落ち着いたものとなっており、観光より日常・通勤利用向けといった雰囲気が強くなっている。車体外板塗色はハーモニックパールブロンズ地にアクセントとして車体中央付近にアッパーレッドが配されている他、1999年からはEXEのロゴが2号車と8号車に貼り付けられている。またそのシックな外観が観光客にはウケがよくなかったようで、登場してしばらくは小田急のイメージリーダーとして広告などでも使われていたが、2002年からは10000形HiSEに戻されている。
◎百合ヶ丘～新百合ヶ丘
2019（令和元）年8月7日

新宿〜町田（のちに相模大野）で「はこね」と「えのしま」を併結して運用するため内装は当初、6両編成は箱根の森をイメージしたグリーン系、4両編成は江ノ島の海をイメージしたブルー系と明るいイメージであったが、1999年にグレーとブラウンのツートンカラーとしたモケットに変更され、よりシックさが増した。また10両全て「はこね」運用の際は4両編成が小田原止まりとなり、6両編成のみが箱根湯本まで運転されている。
◎豪徳寺〜経堂

登場から20年が経過した2017年からは更新工事が実施され、まず最初に30051×4と30251×6に施行され、愛称は『EXEα』に変更された。デザインは50000形VSEや60000形MSEでお馴染みの岡部憲明氏が担当し、車体外板塗装は車体上部をムーンライトシルバー、車体下部をディープグレイメタリックのツートン地とし、境目にバーミリオンオレンジとホワイトの帯が配され、イメージが大きく変わった。
◎狛江〜和泉多摩川

主要機器は1000形更新車と同じインバータ装置へ変更され全密閉式の主電動機となった他、マスコンが右手ワンハンドルから左手ワンハンドルへと変更された。また天井照明が明るくなり、座席モケットもアイボリーとブルーのツートンへ変更され、全体的に明るい雰囲気へと変わっている。また30052×4＋30252×6以降の改造車からは座席にコンセントが設置されている。現在も更新工事が続けられている。
◎風祭
2022（令和4）年2月21日

50000形VSE

箱根への観光輸送に特化したロマンスカーとして前面展望室や連接構造をもったフラッグシップ車として2004年に登場した50000形。車内の高いドーム型天井からVault Super Expressを略してVSEと名づけられた。2005年までに2編成が導入された。2005年3月から運転が開始され、乗務員には専用の制服が用意された。60000形MSEが登場してもその座を決して譲ることはなかった。◎栢山〜富水　2022（令和4）年1月22日

10000形HiSE以来となる前面展望室と連接構造で、1車両あたりの車両長を延ばしたため10両編成となった。また小田急では長年研究・検討されていたが採用はされていなかった車体傾斜制御が空気バネ方式で採り入れられ、最大2°まで傾く。またミュージックホーンも当形式から復活している。◎新松田〜開成

屋根まで含めた車体全体をシルキーホワイトで塗装し、ロマンスカー伝統のバーミリオンオレンジに似たバーミリオンストリーム帯を配したこの斬新なデザインは建築家の岡部憲明氏によってデザインされ、岡部氏はこれ以降、小田急グループの様々なデザインに関わっていくこととなった。◎2022（令和4）年1月16日

車内は高さ2.55mのドーム型天井が印象的で、座席は窓側に5°傾けたオレンジ調の回転リクライニングシートとなっており、アンクルチルトリクライニング機構が採り入れられた。また4人用セミコンパートメントのサルーン席や窓に面して明るい雰囲気になった売店のカフェカウンターなどがあり、シートサービスも復活して観光特化形となっていた。◎新松田～渋沢

50000形VSEは観光輸送に特化したため、「初詣号」を除けば「はこね」運用以外に就くことなく、夜に新宿へ着いても決して「ホームウェイ」で運転されなかった。しかし、2010年1月に7000形LSEや10000形HiSEの緊急点検で長期離脱が発生した際に「さがみ」や「ホームウェイ」などでも運用された。その数年後からは「ホームウェイ」などでも所定運用が設定されるようになり、徐々に汎用的に使われるようになっていった。
◎渋沢〜秦野

長らく小田急のフラッグシップ車として君臨した50000形VSEであったが、更新工事は行われず引退することが決まり、2022年3月11日の「ホームウェイ87号」の運用をもって定期列車からは引退した。引き続き団体列車などでは使われているが、2023年秋をもって引退することがアナウンスされている。
◎千歳船橋〜祖師ヶ谷大蔵
2022（令和4）年2月1日

60000形MSE

日本初の地下鉄に乗り入れる有料座席指定特急車として2008年に登場した60000形。Multi Supre Express略して「MSE」と名づけられた。30000形EXEと同じく20mボギー車6両編成と4両編成で構成され、2015年までに6両編成が5本（60251～60255×6）、4両編成が3本（60051～60053×4）導入された。
◎狛江～和泉多摩川
2021（令和3）年12月22日

50000形VSEと同じく岡部憲明氏がデザインを担当し、車体外板塗色は地下鉄線内でも目立つフェルメールブルーで塗られ、窓下にバーミリオンオレンジとホワイトの帯が入る。30000形EXEと同じく併結側と流線型先頭車側で前面形状が大きく異なるが、地下鉄乗り入れの関係でどちらにも貫通扉が設置されている。
◎代々木上原
2021（令和3）年4月25日

内装はビジネス利用を意識して落ち着いた雰囲気となっており、座席定員は10両編成時に578名となっている。また日本の鉄道車両としては初の車内へのAED設置がなされた。床下機器は同時期に新造された4000形と共通点が多くなっており、地下鉄線内と小田急線内では加速度が変更されている。◎開成～栢山

2008年から土休日を中心に本厚木〜新木場で特急「ベイリゾート」が運転されていた。新木場は舞浜にある東京ディズニーランドやディズニーシーが近く来園客を狙ったものであった。地下鉄には通常通り代々木上原から千代田線に入っていくのだが、霞ヶ関からは進路が変わり有楽町線への連絡側線を経由して桜田門に向かいそこから新木場へ向かっていた。経路なども非常にユニークなこの列車は有楽町線ホームドア工事を理由に2011年10月を最後に運転がなくなった。また地下鉄線内発着の臨時列車は数多く設定され、千代田線発着で「メトロ新緑」「メトロもみじ」「メトロおさんぽ号」などが運転された。写真は60000形が千代田線綾瀬検車区から回送されているところだ。
◎北綾瀬〜綾瀬　2017（平成29）年8月23日

夏の江ノ島方面へのレジャー列車として新宿〜片瀬江ノ島に「湘南マリン」が、北千住〜片瀬江ノ島に「メトロ湘南マリン」が2017年ごろまで運転された。運転初年の2008年は唐木田〜片瀬江ノ島、翌年の2009年には成城学園前〜片瀬江ノ島での運転だったが、区間が延長された。また江ノ島方面の夏臨はこれまでも特急に限らず色々と走っており、平成初頭には唐木田〜片瀬江ノ島で特急「湘南マリンエクスプレス」、2003〜2005年には千代田線からの直通となる綾瀬〜片瀬江ノ島の急行「江ノ島マリン号」などが運転されている。
◎藤沢〜本鵠沼
2008（平成20）年8月4日

日本初の地下鉄直通の有料座席指定特急列車として2008年3月より北千住〜箱根湯本の「メトロはこね」や北千住〜本厚木などの「メトロホームウェイ」「メトロさがみ」の運転が開始された。千代田線内は北千住、大手町、霞ヶ関、表参道に停車するが、地下鉄内の相互利用はできず、下りは乗車、上りは降車のみとなっている。また営業運転では北千住発着であるが、回送で綾瀬や北綾瀬にある綾瀬検車区まで運転されており、JR常磐線の車両とも並ぶことがある。
◎相武台前〜座間
2012（平成24）年4月8日

2018年からは江ノ島線直通の「メトロえのしま」が江ノ島線定期列車初の千代田線直通列車として北千住〜片瀬江ノ島で運転が開始された。また当形式にもミュージックホーンが50000形VSEに引き続き搭載され、小田急だけでなく千代田線内でも使われている。
◎読売ランド前〜百合ヶ丘
2020(令和2)年1月5日

2018年3月のダイヤ改正より朝方の上りで運転されていた特急「さがみ」「えのしま」「メトロさがみ」の名称を新宿行きは「モーニングウェイ」、千代田線直通の北千住行きは「メトロモーニングウェイ」と改めた。また新宿1800以降(2022年より1700)に発車する全ての特急は1999年より「ホームウェイ」とされ、こちらは1967年より夜間時間帯に大野検車区へ回送していたロマンスカーを営業列車とした新宿〜新原町田の「あしがら」が由来の列車で定期券で乗れる通勤向け有料座席指定列車の先駆け的な存在といえる。
◎新百合ヶ丘〜百合ヶ丘
2018(平成30)年6月29日

60000形MSEに置き換わった「あさぎり」は6両編成で運転され、以前より本数を減らした3往復となった。土休日には以前と同じ4往復で運転されていたが、この際に増便となる「あさぎり11号」と「あさぎり12号」は新宿〜相模大野で「えのしま」と併結していた。
◎玉川学園前〜町田
2014(平成26)年4月26日

2012年3月から御殿場線乗り入れの「あさぎり」が再び小田急の片乗り入れに変更となり、区間も御殿場までに再び戻った。この際にこれまでの20000形RSEとJR東海371系に変わり、60000形MSEが使われることとなり、2011年にATS-PTなどのJR東海の保安装置などが設置された。◎御殿場線　御殿場〜足柄　2017(平成29)年4月19日

2018年3月のダイヤ改正で「あさぎり」の愛称はなくなり「ふじさん」と改められた。小田急線内の停車駅は大幅に変わったが、使用車種は変わらず60000形MSEであり、千代田線や小田急全線、箱根登山鉄道箱根湯本への乗り入れ、そして御殿場線と小田急の特急全てで活躍し、まさに愛称名の通りマルチな活躍を見せている。
◎御殿場線　谷峨〜山北　2020(令和2)年4月6日

70000形GSE

登場から38年となり老朽化した7000形LSEの置き換え用として登場した70000形は50000形VSE以来の前面展望室のあるロマンスカーとして2017年12月に竣工。Graceful Super Express略して「GSE」と名づけられ、2018年3月より運行が開始された。2018年までに7両編成2本が登場している。
◎栢山〜富水

前面展望室のあるロマンスカーはこれまでは全て連接車であったが、70000形GSEでは20mボギー車となった。箱根湯本のホーム有効長の関係から7両編成となり、箱根の観光輸送以外にも朝夕の通勤需要に対応するため、売店をなくし車販準備室へと変更し、座席定員400名を実現した。現在は小田原線や江ノ島線にて「はこね」「えのしま」「モーニングウェイ」「ホームウェイ」などの運用で活躍している。
◎鶴巻温泉〜伊勢原

デザインは50000形VSEや60000形MSEから引き続き岡部憲明氏が担当し、車体外板塗色はローズバーミリオンを基本として屋根にはルージュボルドー、側面窓下にバーミリオンオレンジの帯が配された。側面窓は50000形VSEや60000形MSEより大きな1000mmの曲面ガラスが採用された。◎新松田～開成　2018（平成30）年7月1日

【著者プロフィール】

山内ひろき（やまのうちひろき）

1990年（平成2年）東京都生まれ。近所に貨物駅などがあり鉄道に多く触れ合う環境で育ってしまい根っからの鉄道好きとなった。現在は会社員の傍ら、鉄道関係書籍などの原稿を執筆している。

【写真提供】

近藤倫史、武田雄司、山内ひろき、PIXTA

【編集協力】

辻村 旭

【参考資料】

鉄道ダイヤ情報（交通新聞社）、鉄道ピクトリアル（電気車研究会）、鉄道ファン（交友社）、地下鉄千代田線建設誌（帝都高速度交通営団）、小田急電鉄40年の軌跡（イカロス出版）、小田急線におけるバラストラダー軌道の導入（日本鉄道技術協会）、JTBキャンブックス 小田急ロマンスカー（JTBパブリッシング）、沿線自治体ホームページ、シモチカナビ

小田急電鉄
～2000年代の写真記録～

発行日 ……………… 2023年4月27日　第1刷　　※定価はカバーに表示してあります。

解説 ……………… 山内ひろき

発行人 …………… 高山和彦

発行所 …………… 株式会社フォト・パブリッシング

　　　　　　　　　　〒161-0032　東京都新宿区中落合2-12-26

　　　　　　　　　　TEL.03-6914-0121 FAX.03-5955-8101

発売元 …………… 株式会社メディアパル（共同出版者・流通責任者）

　　　　　　　　　　〒162-8710　東京都新宿区東五軒町6-24

　　　　　　　　　　TEL.03-5261-1171 FAX.03-3235-4645

デザイン・DTP ……… 柏倉栄治

印刷所 …………… 新星社西川印刷株式会社

ISBN978-4-8021-3393-7 C0026

本書の内容についてのお問い合わせは、上記の発行元（フォト・パブリッシング）編集部宛てのEメール（henshuubu@photo-pub.co.jp）または郵送・ファックスによる書面にてお願いいたします。